GAY HARDCORE 21

Die Gärtnermeister und ihr Lehrling

Max Wildrath

BrunoBooks

Gay Hardcore 21

Salzgeber Buchverlage GmbH
Prinzessinnenstraße 29, 10969 Berlin
buch@salzgeber.de

Umschlagabbildung: © Lucas Entertainment
lucasentertainment.com (Models: Arad Winwin,
Benjamin Gomez, Edji Da Silva)
Printed in Germany

ISBN 978-3-95985-418-4

Die in diesem Buch geschilderten Handlungen sind fiktiv.

Im verantwortungsbewussten sexuellen Umgang miteinander gelten nach wie vor die Safer-Sex-Regeln.

1. Ich will! 7

2. Pingpong 17

3. Heißes Hochzeitsvideo 26

4. Abgefüllt 36

5. Ein ganz besonderer Kundenservice 45

6. Besucherritze 54

7. Ein geiler Vorschlag 63

8. Badetag 73

9. Der große Tag 83

10. Bockritt im Keller 91

11. Kloreport 99

12. Stallburschen 108

13. Kevins Blaskonzert 116

14. Kevin lernt dazu 126

15. Eingeweiht und vollgesaut 137

16. Bockritt, die Zweite 145

17. Abschlussorgie 154

18. Nachschlag 165

19. Setzen, Sex! 174

20. Unser Kevin 182

1. Ich will!

Heute früh hat Thimo gefragt, ob ich ihn heiraten will. In einem total unpassenden Moment, als ich ihm gerade die Morgenlatte ablutschen wollte, aber keine Zeit war für richtigen Sex, weil wir damit rechnen mussten, dass bald unser künftiger Azubi Kevin und sein Kumpel Marco in der Küche stehen würden.

Kevin hat gestern mit ein paar Freunden in der Scheune unserer Gärtnerei seinen siebzehnten Geburtstag gefeiert, und wir hatten Frühstück angeboten für alle, die hier übernachten wollten. Dass das außer Kevin nur einer sein würde und dass die beiden sich in dieser Nacht auf einer Matratze recht nahekommen würden, hatten wir nicht vorausgesehen.

Nach dem Frühstück wollten sie in der Scheune wieder Ordnung schaffen. Wir haben bewusst gesagt, wir hätten im Haus was zu tun und könnten nicht helfen, um ihnen noch etwas Zeit allein zu geben. Und so lange, wie das »Aufräumen« gedauert hat, haben sie diese Gelegenheit nicht ungenutzt gelassen.

Wir sind ziemlich sicher, dass das mit Marco Kevins erste sexuelle Erfahrung ist, und sind froh, dass er nun jemand in seinem Alter gefunden hat. Denn auch wenn er es nie gesagt hat, wissen wir, er steht auch auf uns – obwohl, oder weil, wir doppelt so alt sind wie er. Einmal als eine Art Vaterersatz, da sein eigener Erzeuger im Knast sitzt, aber vielleicht auch als Meister, die ihm nicht nur den Umgang mit Pflanzen beibringen.

Ab morgen muss Kevin wieder in die Schule, die Pfingstferien sind vorbei. Er hat sich sehr gefreut, als wir bei der Verabschiedung auf seine Frage, ob er ab und zu vorbeikommen dürfe, gesagt haben: »Jederzeit.«

Wir brauchen nicht wirklich einen Azubi in unserem kleinen Zwei-Mann-Betrieb, aber wir waren einverstanden, als sein Lehrer gefragt hat, ob wir ihm nicht in Anbetracht seiner verkorksten familiären Situation trotz seiner bescheidenen Schulnoten eine Chance geben könnten.

Er drückt sich zumindest nicht vor der Arbeit, das haben wir gesehen, als er während der Oster- und Pfingstferien bei uns gejobbt hat.

Von dem Grillabend gestern sind einige Würste übrig geblieben, die hauen wir uns mittags in die Pfanne und genehmigen uns ein Bier dazu.

»Carsten«, sagt Thimo, »ich hab es heute Morgen wirklich ernst gemeint. Willst du mich heiraten? Oder was heißt ›noch nicht‹?«

Das hatte ich beim Frühstück auf Kevins Frage, ob wir verheiratet seien, geantwortet.

»Was es eben heißt. Noch nicht. Ist doch so.«

»Natürlich ist es so. Aber du …« Er versucht angestrengt, aus meinem Gesichtsausdruck etwas herauszulesen. Ich bemühe mich, seinen forschenden dunklen Augen keinen Anhaltspunkt zu bieten, und er wird nicht schlau aus mir. »Carsten, bitte, sag was!«

Er ist jetzt wirklich nervös, ich darf ihn nicht länger auf die Folter spannen.

»Ich wollte zu dieser Gelegenheit zwar mit etwas anderem anstoßen, aber hier gibt's ja nur Bier. Prost, Thimo. Ja, ich will!«

»Jaaa!« Er ballt die Fäuste, schreit auf, und da hat er mich schon vom Stuhl hochgezogen, drückt sich an mich, seinen Mund auf meinen, seine Zunge ist in meinem Rachen, seine Hände an meinem Rücken pressen mich an ihn, wandern weiter runter und packen meine Arschbacken. Da wir gleich groß sind, wetzen nun unsere Schwanzpakete aneinander, und ich weiß schon, das wird jetzt auf eine schnelle Nummer hinauslaufen. Nicht unbedingt das, was ich mir zu so etwas Ähnlichem wie einer Verlobung vorgestellt hatte, aber ich bin selbst schon so strunzgeil, dass meine Finger bereits an Thimos Gürtel und seinem Hosenlatz nesteln und ich in die Knie gehe, sobald die störenden Klamotten weg sind und ich an dieser fetten Lutschstange nuckeln kann. Mit angehaltenem Atem gelingt es mir, das Teil ganz in meinen Schlund zu schieben, Thimos Finger haben sich in meinen Haaren vergraben und halten meinen Kopf umklammert, während er in mich stößt. Wenn ich ihn nicht unterbreche, wird er bald in meinem Mund absamen. Ich schlucke gerne seine Soße, aber einen Maulfick hatten wir schließlich heute Morgen schon, jetzt will ich ihn in meinem anderen Loch spüren. Noch vor ein paar Monaten habe ich mich selbst als reinen Ficker gesehen, allen anderen gegenüber bin ich das auch, aber nach Thimos Schwanz im Arsch bin ich inzwischen geradezu süchtig und kann nicht genug kriegen. Irgendwie hat er es geschafft, mich sexuell total von sich abhängig zu machen.

Mit Mühe befreie ich meinen Kopf aus seinen Pranken, schlüpfe, während er schnaubend zusieht, schnell aus Jeans und Unterhose, lege mich am Boden auf den Rücken, ziehe die Beine an, präsentiere ihm mein Loch. Er schmiert seine Kanone und meine Kimme ein mit dem Fett aus der Pfanne, in der wir die Würste gebraten haben. Das Zeug ist noch lauwarm, mein Arsch muss jetzt nach Bratfett riechen.

Thimo kniet schon hinter mir, mit glasigen Augen, er wird nicht lange durchhalten, das wird kein Marathonfick, das wird ein Sprint, aber egal, Hauptsache, ich habe ihn in mir.

Jetzt! Seine Eichel zwängt sich in meinen Hintereingang, sein Rohr füllt mich aus, sein Bauch und seine Lenden drängen gegen meine Schenkel und Arschbacken. Nun hat er sich meine Fersen gegriffen, hält meine Beine fest, beginnt zu bumsen, meine eigene Latte tropft schon.

»Komm, komm!«, feuere ich ihn an. »Mir kommt's gleich!«, und obwohl ich mich gar nicht wichse, öffnet sich mein Pissschlitz, und das Zeug schießt aus mir heraus. Thimo sieht das, brüllt auf, ein letzter heftiger Fickstoß rammt mich, dann lädt er, immer noch schreiend, in mir ab, pumpt mir seine Soße rein, jetzt halten meine Schenkel ihn fest, sonst würde er umkippen.

Leider lädt diese Stellung, zumal am Küchenboden,

nicht dazu ein, länger so beisammenzuliegen, und so zieht sich Thimo, als er wieder zu Atem gekommen ist, aus mir zurück. Ich bleibe noch einen Moment liegen, während er mit einem Küchentuch das Fett von seinem Pimmel wischt, sich wieder anzieht, mir dann eine Hand hinstreckt. Ich ziehe mich daran hoch, wir halten uns fest, eine innige Umarmung.

»Du hast mich ganz schön zappeln lassen!«, sagt er.

»Warst du wirklich unsicher, was ich sagen würde? Du behauptest doch immer, du würdest mich so gut kennen.«

»Das tu ich auch! Nein, eigentlich war ich nicht unsicher.«

»Siehst du, das wusste ich!«

Wir haben nachmittags noch gearbeitet. Es ist zwar Sonntag, aber wenn man selbst Chef sein will, hat man nicht unbedingt ein freies Wochenende. Trotzdem bereuen wir beide nicht, uns im vorletzten Jahr mit dieser Gärtnerei selbstständig gemacht zu haben. Geschäftlich läuft es ganz ordentlich, und wir müssen uns von niemandem mehr etwas sagen lassen.

»Morgen sollten wir wegen Kevin mal Robert anrufen«, meint Thimo. »Er muss ja jetzt aus dem Urlaub zurück sein.«

Robert ist Kevins Lehrer, der den Vorschlag mit der Ausbildung bei uns gemacht hat. Dass er Lehrer ist, wissen wir nur, weil er und Kevin sich während der Osterferien hier bei uns zufällig begegnet sind. Eigentlich kennen wir Robert, weil er sich gemeldet hat, als wir Anfang des Jahres mit Zeitungsinseraten nach Typen gesucht haben, die für uns arbeiten würden – als Gegenleistung dafür, dass wir als Meister sie ordentlich rannehmen.

»Verstehst du eigentlich, warum er mit seinem Masochismus ausgerechnet Lehrer geworden ist? Da ist doch er derjenige, der sagt, was läuft.«

»Im Bett will er es jedenfalls anders. Du kannst ihn ja fragen.«

»Mach ich. Ich lade ihn auch mal wieder ein. Der hat garantiert Hummeln im Hintern und wartet darauf, dass wir uns seinen Arsch vornehmen.«

Nach einem heute mal recht feierlichen und aufwendigen Abendessen lümmeln wir auf unserem Sofa. Thimo hat einen spanischen Sekt aufgemacht, bei Weitem nicht so teuer wie Champagner, zu dem ich eh keinen Unterschied schmecken würde, damit stoßen wir nun an.

»Auf uns!«, sagt Thimo, ich nehme einen Schluck, lehne mich an ihn.

»Ja, auf uns! Aber, Thimo, ich möchte keine große Feier. Das Geld investieren wir lieber in vernünftige Schlafzimmermöbel, einverstanden?«

»Ja, einverstanden. Das könnte nur schwierig werden wegen der schrägen Wände da oben. Vielleicht brauchen wir einen Schreiner.«

Da hat er recht, im ersten Stock unseres Hauses sind ein Bad und drei etwa gleich große Zimmer, alle mit Dachschrägen, eines für ihn, eines für mich, im dritten schlafen und bumsen wir, und da sind bisher nur eine zu schmale Bettcouch, einige Garderobenstangen und ein paar IKEA-Kommoden für Socken und Unterhosen drin.

»Schenk nach, ich will noch was!«

Wir hatten zum Essen schon Wein, jetzt der Sekt, ich spüre den Alkohol bereits, aber schließlich müssen wir heute nirgendwo mehr hin.

Als die Flasche leer ist, bitte ich Thimo, noch eine zu holen, doch er zögert. »Wenn du willst, hole ich noch eine. Ich hätte für dich aber auch was anderes.«

Dabei schaut er auf seinen Schritt, und ich kapiere sofort. Gestern, ja, es war tatsächlich erst gestern, hat er in der Dusche das erste Mal auf mich gepisst, nur auf meinen Schwanz, und ich hätte nie, nie, nie gesagt, dass ich das will, und trotzdem habe ich davon einen Steifen bekommen – und Thimo fühlte sich wieder mal bestätigt. Er wisse besser als ich selbst, was ich wolle.

Ich schüttle nur den Kopf.

»Carsten, du willst doch, ich merke es, du traust dich bloß nicht zu wollen.«

Kopfschütteln.

»Carsten, du hättest früher nie gesagt, ich soll dich bumsen, und jetzt gierst du jeden Tag danach. Ebenso wolltest du mir nie den Arsch lecken, und jetzt bohrst du mit Begeisterung deine Zunge in mein Loch. Du hättest auch nicht gesagt, ich soll dich vollpissen, und gestern ist dir davon einer abgegangen. Und vor ein paar Wochen, als Ingo hier war und ich ihm ins Maul geschifft habe, da hast du sofort abgespritzt, weil du gern an seiner Stelle gewesen wärst, das habe ich dir angesehen. Schau mich an!« Er dreht meinen Kopf zu sich. »Willst du wirklich nicht?«

Ich schaffe es nicht mehr, den Kopf zu schütteln.

»Komm, wir gehen in die Küche. Wenn doch was danebengeht, dann besser nicht auf dem Teppich hier …« Er zieht mich mit sich, lehnt sich mit dem Hintern gegen eine Arbeitsplatte. »Zieh dich ganz aus, dann darfst du meinen rausholen.«

Er schlüpft nur aus den Socken, und als ich die Unterhose fallen lasse, fasse ich es selbst nicht, so hart bin ich schon. Ein wissender Blick von Thimo, dann drückt er mich in die Knie. Ich öffne seine Hose, ziehe sie ihm runter, ebenso den Slip, und nun baumelt da unter seinem dunklen Schamhaargebüsch dieser fleischige Pimmel vor meiner Nase, natürlich nicht so fett wie sonst, wenn er eines meiner Löcher stopft und mich mit Sperma abfüllt. Aber trotzdem, das Ding lässt erahnen, wie groß es werden kann. Thimos Schwanzkopf liegt schon frei, und ich ertaste mit der Zungenspitze seinen Pissschlitz, möchte das Teil vor mir hochblasen, doch Thimo hält mich auf. »Nicht. Später. Nimm ihn einfach in den Mund.«

Er drückt meinen Kopf gegen seinen Bauch, seine Wolle kratzt an meinen Wangen und meiner Nase, sein Sack schaukelt unter meinem Kinn, ich halte mich an seinen Hüften fest, nervös, gespannt. Er hat recht mit allem, was er vorher gesagt hat, und als ich mal in Thimos Position war und Robert vor mir kniete und mit meinem Schwengel im Mund auf meine Pisse wartete, das war geil. Aber Robert ist schließlich ein Maso, das bin ich nicht, und Ingo ist eine Sau, das bin ich auch nicht. Trotzdem, damals wäre ich gern an seiner Stelle gewesen.

Es geht los! Mein Rachen füllt sich mit warmer Plörre, Thimo lässt es laufen, ich schlucke, schlucke, schlucke, schaffe es kaum, obwohl Thimo sicher nicht vollen Druck gibt. Auch er hat Wein und Sekt getrunken, und das kriege ich nun alles eingetrichtert, und ich habe Mühe, gleichzeitig zu atmen und zu schlucken, damit nichts danebengeht. Ich will ja alles haben! Thimo macht kurze Pausen, gibt mir Gelegenheit durchzuschnaufen, ehe er es wieder sprudeln lässt.

Der Druck lässt nach, es kommt keine Pisse mehr, dafür wächst das Rohr in mir, wird hart und fest. Thimo hebt ein Bein etwas an, seine nackten Zehen spielen nun mit meinen Klunkern, meinem Sack, sein Fuß zwischen meinen Schenkeln arbeitet sich weiter vor, mit dem großen Zeh ist er bald an meinem Loch, er kommt so natürlich nicht rein, doch er massiert meine Rosette.

Ich widme mich ganz dem Schaft in meinem Maul, umkreise mit der Zunge Thimos Eichel, sauge, nuckle, blase seine Latte, der Zeh an meinem Arsch ist weg, dafür drückt er mit dem Vorderfuß meinen hochgradig erregten Schwanz gegen meinen Bauch, fährt auf und ab. Es ist wie Wichsen, nur eben nicht mit der Hand. Ich werde das nicht lange durchhalten, der Saft steigt mir schon hoch. Thimo entzieht mir seine Kanone, wichst sich selbst, seine Bewegungen an meinem Kolben werden unkoordiniert, trotzdem treibt es mir das Sperma heraus, »Jaaah …«, mein Bauch, mein Ständer, sein Fuß werden glitschig und klebrig, Thimos Hand fliegt an seinem Ständer hoch und nieder, nun steckt er mir das Ding wieder in den Rachen, es pulsiert schon, er packt meinen Kopf, spritzt ab, in die Schärfe der Pisse in meinem Gaumen mischt sich der Geschmack des Männersaftes.

Ich bleibe vor Thimo knien, bis er meinen Kopf wieder freigibt.

»War's geil?«, fragt er, und ich kann nur nicken.

»Wusste ich's doch. Wisch deine Soße auf und dann hol uns noch eine Flasche.«

2. Pingpong

Gestern haben wir auch die zweite Flasche Sekt noch geleert, waren dann natürlich beide gut angeheitert, haben vergessen, für Montag den Wecker wieder zu aktivieren, und prompt verschlafen. Keine Zeit für unser tägliches, oder zumindest beinahe tägliches, Morgenritual, obwohl Thimo beim Aufwachen natürlich einen stehen hatte. Normalerweise lutsche ich ihm dann den Ständer und hole mir dazu selbst einen runter, aber heute ist einfach keine Zeit dafür. Außerdem habe ich Kopfweh.

Offiziell haben wir ab acht Uhr geöffnet, und ein Blick aus dem Küchenfenster sagt mir, dass um fünf vor tatsächlich schon jemand vor unserem Tor wartet. Frühstück muss also auch ausfallen, wobei ich im Moment außer schwarzem Kaffee sowieso nichts hinunterbrächte.

Thimo bricht gleich auf. Wir kümmern uns unter anderem regelmäßig um die Pflege der Außenanlagen eines Seniorenheims, da wird er einige Stunden beschäftigt sein, und ich widme mich der wartenden Kundin. Sie klagt mir ihr Leid, sie bräuchte Ersatz für einen Großteil ihrer Pflanzen, weil eine Nachbarin, die während ihres Urlaubs gießen sollte, sie ertränkt hätte. Ein häufiger

Fehler. Mit zu wenig Wasser kommen Pflanzen in der Regel eine Weile zurecht, aber wenn durch zu viel Wasser die Wurzeln erst mal verfault sind, kann man nichts mehr machen.

Ich bemühe mich, auf diese redselige Dame einzugehen, und hoffe, sie merkt nichts von dem Kreisel in meinem Kopf.

Zum Mittagessen bringt Thimo Bismarckheringe mit, das ist gut, und als ich etwas im Magen habe, geht es mir schon besser. Thimo muss danach noch mal los, ich kümmere mich um unsere Gewächshäuser.

Zwischendurch ein Anruf von Robert, er kommt uns zuvor. Er bedankt sich, weil wir Kevin als Azubi nehmen, und fragt, ob er mal wieder vorbeikommen könne. Um über Kevin zu sprechen.

Wir verabreden uns für morgen Abend. Robert will garantiert nicht nur wegen Kevin kommen, reden könnten wir schließlich auch am Telefon. Uns seinen Arsch vornehmen können wir nicht telefonisch.

Am nächsten Tag kommt er gegen sechs, hilft mir noch in der Küche, dann setzen wir uns zum Essen zusammen.

»Kevin ist gestern Morgen gleich zu mir gekommen«, berichtet Robert, »und hat sich bedankt, weil ich mich um eine Lehrstelle für ihn gekümmert habe. Ich habe ihn dann beobachtet. Er hat allen davon erzählt und ist stolz wie Oskar, weil er jetzt auch was hat, und er hat sich die beiden Tage im Unterricht wirklich bemüht. Vielleicht kann er sich in einigen Fächern, wo er zwischen zwei Noten steht, noch etwas verbessern. Nur mit Englisch tut er sich sehr schwer.«

»Das braucht er bei uns nicht. Aber sag mal, geht dieser Marco auch in deine Klasse? Und wie ist der so?«

»Marco? Ist in Ordnung. Der wird im Betrieb seines Vaters Kfz-Mechatroniker. Wieso fragt ihr nach ihm?«

»Weil Kevin am Samstag hier seinen Geburtstag gefeiert hat und er und Marco hier übernachtet haben, zusammen auf einer Matratze. Das bleibt aber unter uns! Wir sagen dir das jetzt nur, weil du dich doch auch für Kevin verantwortlich fühlst. Pass auf die beiden auf. Die Mitschüler würden sich wahrscheinlich das Maul zerreißen.«

»Mit Sicherheit. Natürlich halte ich den Mund. Aber Kevin und Marco?« Robert ist verblüfft. »Hätte ich bei den beiden nicht gedacht. Denkt ihr, sie sind schwul, oder war das nur spätpubertäre Neugier?«

»Bei Marco wissen wir es nicht. Kevin halten wir für schwul, aber wir nehmen ihn nicht deshalb als Azubi. Und er ist vielleicht so drauf wie du. Wolltest du in seinem Alter schon den Hintern verkloppt kriegen?«

Robert wird rot, obwohl wir ja über seine Vorlieben Bescheid wissen. »Es … hat sich so entwickelt. Aber wieso soll Kevin auch …?«

»Ich habe ihn vor den Osterferien erwischt, als er versucht hat, unsere Blumenkasse aufzubrechen. Und …«

Robert fasst sich an den Kopf und unterbricht mich.

»Er hat was?! Dieser Trottel! Ich dachte, seine Bekanntschaft mit der Polizei wegen der geklauten Turnschuhe hätte ihm ein für alle Mal gereicht. So ein Idiot! Was habt ihr gemacht?«

»Ich wollte mit seinen Eltern reden, aber mit einem Vater im Knast und einer völlig desinteressierten Mutter hatte das keinen Sinn. Die Polizei zu rufen schien uns zu heftig, aber irgendeine Strafe sollte schon sein, also haben wir ihn hier arbeiten lassen – mit der Wahl, auf den Lohn zu verzichten oder den Lohn einzusacken, dafür aber ein paar auf den Hintern zu kriegen. Er wollte was hinten drauf, nicht nur, weil er Geld brauchte. Das war für ihn keine Strafe, es hat ihm gefallen, sich übers Knie legen zu lassen. Wir haben das Gefühl, er sucht einen Vaterersatz und für Sex jemanden wie uns. Meister. Wir werden das nicht ausnutzen und sind froh, wenn er jetzt Marco hat, aber wenn er so ist wie du, wird der ihm irgendwann nicht mehr genügen.«

»Ja, vielleicht … ich werde auf die beiden achten. Und ich bin euch wirklich sehr dankbar, dass ihr ihm eine Chance gebt. Trotz der Geschichte mit eurer Kasse.«

Thimo hat sich bei dem Gespräch bisher zurückgehalten, nun schaltet er sich ein. »Kevin bekommen wir schon wieder aufs richtige Gleis. Aber jetzt zu dir. Du wolltest doch nicht nur wegen ihm zu uns kommen. Oder täusche ich mich?«

Robert errötet wieder. »Nein, ich … ich habe was mitgebracht. Wenn ihr mich damit …«

»Lass sehen!«

Robert verschwindet kurz im Flur, kommt mit einem Tischtennisschläger zurück, will ihn Thimo reichen, doch ich greife ihn mir. »Heute werd ich dich überlegen!«

»Ja, natürlich, Entschuldigung. Darf ich mich ausziehen?«

Er ist jetzt vollkommen verwandelt, fragt, bittet, entschuldigt sich wegen jeder Kleinigkeit, wartet auf Anweisungen.

»Langsam. Komm mit!« Ich führe ihn ins Wohnzimmer, setze mich aufs Sofa, klopfe auf meine Oberschenkel. »Hemd ausziehen und dann hier drüber!«

»Ja, natürlich, sofort.«

Mit nacktem Oberkörper legt Robert sich bereit, Thimo hockt sich in einen Sessel, beobachtet uns, und ich begutachte und betatsche den Arsch, der sich mir da präsentiert. Robert ist ein paar Jahre jünger, nicht so groß und kräftig wie wir, aber auch kein Spargeltarzan. Die Naht seiner Jeans teilt sein Brötchen in knackige Hälften, ich fasse ihm um den Bauch, ertaste einen harten Kolben, daran könnte ich ihn eigentlich gut festhalten, wenn ich ihn … »Pack deinen Schwanz aus!«

»Ja, sofort!« Er steht wieder auf und macht Anstalten, seine Hose auszuziehen, worauf ich ihm gleich ordentlich einen mit dem Schläger überziehe.

»Pass auf, was ich sage! Du sollst deinen Schwanz auspacken und dich nicht komplett ausziehen!«

»Ja, Entschuldigung.« Er klemmt sich den Bund des Slips unter seine Eier, zieht sich die Jeans hoch, sein Steifer ragt heraus. So legt er sich wieder über meine Oberschenkel, und nun kann ich mit der Linken seinen Körper umfassen und seine Stange packen und mit der Rechten mit dem Schläger ein Pingpong-Spiel auf seinem Arsch beginnen. Roberts Körper windet sich unter meinen Armen, aber nicht vor Schmerz, es ist Geilheit, die mit jedem Hieb wächst. Ich wechsle ab, linke Arschbacke, rechte Arschbacke, mein eigener Schwanz meldet sich … »Zieh die Hose aus!«

»Ja, sofort!« Er will sich völlig nackt machen, was ihm einen deftigen Schlag einbringt.

»Pass auf, was ich sage! Hose, nicht Unterhose!«

»Ja, Entschuldigung.« Nun liegt sein Hintern nur noch von einem knappen Slip bedeckt vor mir, das Pingpong-Spiel auf seinen Hinterbacken geht weiter, er reckt seinen Arsch dem Schläger entgegen, und ich zerre ihm diesen Stofffetzen noch runter. Dann geht es weiter, sein Allerwertester glüht, seine Halbkugeln zucken, Robert hat sein Gesicht in ein Kissen vergraben, stöhnt eindeutig geil, und sein Kolben bleibt steinhart.

Meiner allerdings auch, und der braucht jetzt dringend ein Loch, sonst geht mir noch in der Hose einer ab. »Schluss! Knie dich hin! Ich will dich vögeln!«

»Ja! Bitte! Fick mich!« Robert ist sofort auf dem Boden und reckt seinen knallroten Arsch raus. Ich ziehe mich aus, so schnell es geht, Thimo packt nur seinen Pisser aus. Er hatte in weiser Voraussicht eine Tube Gel in der Hosentasche, die hält er mir nun hin. Ein Batzen auf meine Latte, ein weiterer auf Roberts Loch; er stöhnt auf, als meine Hand seinen Hintern berührt, die Gelegenheit nutzt Thimo, um ihm sein vorderes Loch zu stopfen. Heckseitig gehört er nun mir, bereitwillig öffnet sich seine Männermöse, nimmt mich auf, sein Hintern brennt geradezu, ich spüre die Hitze an meinen Lenden, wenn ich mich an ihn presse. Thimo wirft mir lüsterne Blicke zu, ein lautes »Jaaahh …« dringt aus seiner Kehle, ich weiß, er samt ab, und der Gedanke daran, was Robert nun ins Maul gespritzt kriegt, bringt mich zum Finale, ich entlade mich in dieses geile Loch, es hat mich zum Überkochen gebracht.

Robert hat sich seine Unterhose gekrallt und wichst wie besessen, seine Arschbacken verkrampfen, sein Loch kneift und umklammert meine Schwanzwurzel, Thimos Nudel flutscht aus seinem Mund, und laut, sehr laut entlädt er sich und versaut seinen Slip.

Ich habe mich wieder angezogen, Thimo sitzt neben mir auf dem Sofa, Robert hat gesagt, er müsse kurz verschwinden. Als er zurückkommt, trägt er das Hemd von vorhin, aber eine andere Hose.

»Die engen Jeans gehen jetzt nicht«, erklärt er auf unsere fragenden Blicke. »Deshalb habe ich dieses labbrige Ding mitgebracht. Ich habe gehofft, ich würde es brauchen. Carsten hat ganz schön zugelangt, ich werde es ein paar Tage lang spüren.« Schiefes Grinsen. Er ist zurück in seiner »normalen« Rolle.

»War's zuviel? Und war dir mit siebzehn schon klar, dass du das willst? Was machen wir, wenn Kevin uns mal einen Tischtennisschläger in die Hand drückt?«

Robert bleibt stehen. »Ich kann mich jetzt nicht setzen. Es war nicht zu viel, ich wollte, dass ihr mich richtig rannehmt. So war ich schon immer, ich weiß nicht, warum, ich bin eben so. Wenn Kevin von selbst zu euch kommt … passt auf, was er wirklich will. Muss ja nicht gleich so fest sein. Zwingt ihn zu nichts … er ist noch so jung …«

»Natürlich zwingen wir ihn nicht. Wir mögen ihn, und er tut uns leid. Es ist uns schon klar, dass wir Verantwortung für ihn übernehmen. Wir wollen ihm, so wie du, zu halbwegs ordentlichen Startbedingungen im Leben verhelfen, wenn seine Eltern schon so versagen.«

»Ja, ich versuche es auch … einer der Gründe, warum ich Lehrer geworden bin.«

»Das haben wir uns schon gefragt, wieso du das machst. Der Beruf passt nicht zu dem, was du vorhin wolltest. Wissen eigentlich deine Kollegen, dass du schwul bist?«

»Nur zwei. Und die Schüler sollen es nicht wissen, da passe ich sehr auf. Auch dass ich nie mit einem Jungen irgendwo allein bin.«

»Was? Wieso?«

»Was denkst du? Alle männlichen Kollegen vermeiden es, mit Mädchen ab einem bestimmten Alter allein zu sein. Was willst du machen, wenn dich eine wegen irgendwas beschuldigt und niemand dabei war? Es gibt welche, die sind verschossen in ihren Lehrer und hängen ihm was an, wenn er nicht auf ihre Avancen eingeht. Alles schon passiert. Und es bleibt was an dir hängen. Ich rede mit allen Schülern immer nur im Flur oder im Hof oder so, nie allein, sicherheitshalber.«

»Puh, das ist heftig. Hätte ich so nicht erwartet …«

»Du kannst ohne Zeugen nicht wissen, was wirklich war. Sicher stimmen manche Anschuldigungen ja auch. Besser, solche zweifelhaften Situationen entstehen erst gar nicht. Und meinen Beruf trenne ich natürlich strikt von meinen Neigungen, ich weiß schon, dass die ziemlich speziell sind und die meisten Leute kein Verständnis dafür haben. Aber ich bin eben so. Und so ein Abend wie heute … ich brauche das. Und wenn wir das öfter machen könnten, auch ohne Kevin als Vorwand … mir ist klar, dass ihr fest zusammen seid, da will ich nicht dazwischenfunken, aber wenn ihr beide mal wieder Lust habt, vielleicht auch in eurem Keller … ich würde wollen.«

Robert ist wieder gefahren, wir haben gesagt, er soll sich melden, wenn er's braucht.

Das mit dem Keller war eine Anspielung auf den von Thimo selbst gebauten Fick- und Prügelbock da unten, auf den wir Robert schon mal geschnallt haben. Thimo möchte immer, dass ich mich darüberlege, vielleicht mache ich es mal … aber nur, um mich bumsen zu lassen. Sonst nichts.

3. Heißes Hochzeitsvideo

Die Tage vergehen. Wir erkundigen uns, welche Papiere für die Hochzeit erforderlich sind, und leiern alles an. Suchen Ringe aus. Bringen das mit Kevins Ausbildungsvertrag auf den Weg. Wir nehmen Maße in unserem Schlafzimmer und besuchen ein Möbelhaus. Dass das Bett unter eine der schrägen Wände kommen wird, ist klar und kein Problem. Wir bestellen etwas Passendes, zwei Meter breit und zwei zwanzig lang. Bisher quetschen wir uns auf einem Meter vierzig zusammen, und bei unserer Größe von gut eins neunzig hängen die Füße immer im Freien. Schränke zu finden ist schwierig, da in diesem Raum selbst die geraden Wände durch einen Kamin und eine Nische unterbrochen sind.

Wir beschließen, uns ein Angebot für maßgefertigte Möbel machen zu lassen, und wenn es nicht zu teuer ist, leisten wir uns das – sozusagen als Hochzeitsgeschenk an uns selbst.

Arbeiten müssen wir natürlich auch. Es ist heiß geworden, und dadurch müssen wir natürlich öfter gießen. Wir sind fast täglich beim Seniorenzentrum und den

Friedhöfen der Umgebung, für die wir die Grabpflege machen.

Gestern hat es mal gewittert und ordentlich geschüttet. Wir sammeln den Regen von all unseren Dächern in Bottichen und Wannen, die sind nun wieder gefüllt. Abkühlung hat das Unwetter nicht gebracht, heute brennt wieder den ganzen Tag die Sonne runter, und Thimo schlägt vor, abends doch in unseren Pool zu gehen. »Pool« ist leicht übertrieben, es gibt da ein gemauertes Regensammelbecken, hoch und groß genug, um sich reinzusetzen. Zu zweit kann man gut die Beine ausstrecken, mehr ist nicht drin. Es wäre Platz für vier, aber da käme man sich schon mit den Füßen in die Quere. Wir haben bereits letzten Sommer die Sitzstufen darin und die Wände dahinter ordentlich gefliest, sodass man sich beim Hinsetzten nicht Hintern oder Rücken zerkratzt.

Wir bereiten das Abendessen vor, als Kevin auftaucht. Er bringt den von seiner Mutter und ihm unterschriebenen Vertrag zurück und platzt geradezu vor Stolz.

»Ich habe eine Zwei in Mathe! Und in Deutsch auch! Der Wolf« – das ist Robert, sein Lehrer – »sagt, vielleicht kann ich im Zeugnis noch auf eine Drei kommen!«

Thimo klopft ihm auf die Schulter. »Super, Kevin, ganz prima. Freut uns! Willst du zum Essen bleiben?«

Natürlich will er, und beim Anstoßen mit Radler sagen wir, er soll uns ruhig duzen. Er freut sich darüber, aber er nennt Thimo weiter »Meister« und mich »Chef«. Und so wie er beim Essen reinhaut, ist von dem Nudelsalat, der eigentlich für zwei Tage reichen sollte, danach nicht mehr viel übrig.

Wir fragen nach Marco, da wird er einsilbig, aber wir haben das Gefühl, es läuft noch mit den beiden.

»Kevin, wir gehen zur Abkühlung noch in unseren Pool. Willst du mitkommen?«

»Wo ist hier ein Pool?« Er ist irritiert, verständlicherweise.

»Das große Regensammelbecken, da kann man sich gut reinsetzen.«

»Ja, aber … ich habe nichts dabei …«

»Du kriegst natürlich ein Handtuch.«

»Ja, aber eine Badehose …«

»Brauchst du nicht. Wir gucken dir schon nichts weg.«

»Gut, dann … dann geh ich schon mal und setz mich rein.« Weg ist er.

»Er will nicht, dass wir ihn nackt sehen.« Thimo grinst. »Lassen wir ihm etwas Zeit, damit er schon im Wasser ist, wenn wir dazukommen.«

Kevin sitzt in einer Ecke des Beckens. Groß ist er, aber dürr. Er verträgt noch viel Nudelsalat. Die Hände hat er im Wasser auf dem Schoß, damit wir da auch bestimmt nichts sehen. Verstohlene Blicke, als Thimo und ich uns ausziehen, so ganz kann er seine Neugier nicht verbergen. Wir setzen uns ihm gegenüber und verstecken nichts. Er tut unbeteiligt, aber sein Interesse an dem, was er da unter der Wasseroberfläche sieht, ist eindeutig. Um ihn abzulenken, erklären wir ihm was zu all den Pflanzen, die in unserem Blickfeld wachsen, dabei vergisst er, was er verdecken will, und deutet tatsächlich mal mit den Fingern hierhin und dorthin, und nun sehe ich im Wasser seine Erektion, aber natürlich tue ich, als ob nichts wäre.

Als Thimo und ich aus dem Becken klettern, sagt Kevin, er möchte noch etwas sitzen bleiben, und wir lassen ihn allein, damit er sich unbeobachtet wieder anziehen kann.

»Unser Kevin«, lacht Thimo in sich hinein. »Ich glaube, wir werden noch viel Spaß mit ihm haben!«

Für kommenden Samstag haben wir einen Auftrag für die Blumenarrangements bei einer Hochzeit. Von dem Fest wird ein professionelles Video gedreht, und auch wir sollen gefilmt werden, ab Freitag schon, wenn wir mit den Vorbereitungen beginnen.

Solche Feiern machen viel Arbeit, Dekoration in der Kirche, am Hochzeitsauto, in der Gaststätte, der Brautstrauß natürlich. Die Leute schauen aber auch nicht so aufs Geld, also sind diese Aufträge lukrativ.

Freitagnachmittag kommt der angekündigte Videomensch. Lang, schlaksig, grün gefärbter Goatee, gleichfarbige Brille. Er stellt sich als Manu vor, duzt uns ungefragt, wir nehmen das mal als Kompliment – er scheint uns noch in seine Altersklasse einzusortieren, obwohl er höchstens fünfundzwanzig ist. Er studiert irgendwas mit Medien und jobbt bei einer Videofirma. Er muss sich zunächst gedulden, wir haben noch was zu erledigen, ehe es mit den Hochzeitssachen losgehen kann. Er bleibt so lange in unserer Nähe, spielt mit seiner Kamera rum, er braucht sich das Ding nicht ans Auge zu halten, es hat einen kleinen Monitor, auf dem er sieht, was er aufnimmt.

»Manu!« Thimo winkt ihn und auch mich zu sich. »Jetzt geht's los. Aber vorher zeigst du uns, was du bisher aufgenommen hast.«

»Was? Ga... gar nichts ...« So wie er stottert, ist klar, dass er lügt.

»Hör mal, verscheißern kann ich mich selber. Ich möchte es sehen.« Thimo bleibt freundlich, aber er scheint irgendwas zu wittern. »Entweder du zeigst es uns jetzt, oder du kannst gleich wieder gehen. Also?«

Er zögert. »Ich lösch es sofort wieder.«

»Danach. Erst will ich es sehen.« Thimo lässt sich nicht abspeisen, das wird auch Manu klar. Er drückt Thimo die Kamera in die Hand, deutet auf einen Knopf zum Starten.

Thimo lässt das Video laufen, und dann sehen wir einige Minuten lang uns selbst, aber selten im Ganzen, Manu hat sich bei den Aufnahmen auf unsere Hinterteile und die Fronten unserer Hosen konzentriert, meist sehr stark herangezoomt. Unglaublich, wie leistungsfähig diese kleinen Teile heute sind, so nah an uns dran war er nie. Zum Teil sind die Aufnahmen verwackelt, aber es ist mehr als eindeutig, worauf er sich konzentriert hat.

»Entschuldigung«, ringt sich Manu hochrot eine Reaktion ab. »Ich hätte das natürlich niemandem gezeigt. Das war nur für mich. Ich lösch es jetzt.« Er nimmt sich die Kamera, drückt einige Knöpfe, wir sehen nur ein »Delete«, das er mit »OK« bestätigt. »Es ist weg. Sorry. Können wir jetzt anfangen?«

»Meinetwegen«, sagt Thimo. »Aber du interessierst dich doch für was anderes!« Dabei stellt er sich breitbeinig hin,

Arme in die Seiten gestützt. »Ohne Kamera darfst du es dir aus der Nähe ansehen!«

Manu verschlägt es die Sprache, er sagt und macht erst mal nichts.

Thimo nimmt ihm die Kamera weg, legt sie auf einem Tisch ab, stellt sich wieder in Position, öffnet den Knopf und den Reißverschluss seiner Hose. »Du darfst es dir auch von ganz nah und ohne Verpackung anschauen.«

Ich habe Manu beobachtet. Er kämpft noch mit sich, aber in seiner Buxe rührt sich was. Ich stelle mich neben Thimo, öffne auch meine Hose und warte.

»Schmeißt ihr mich raus, wenn ich jetzt nichts mache?«

»Nein, wir können auch mit der Arbeit anfangen, aber ich dachte, wir interessieren dich mehr als Blumen.« Thimo streicht über seinen Hosenlatz, und Manu hat kapiert, dass er nicht sauer ist, und geht vor uns in die Hocke. Schaut, aus der Nähe. Thimo knöpft sein Hemd auf, und ich rolle mein T-Shirt hoch. Vorsichtig beginnt Manu, Thimos Hose runterzuziehen, bis sie am Boden liegt. Danach meine. Thimos Unterhose. Meine. Jetzt hat er zwei Meisterkolben vor der Nase, leicht angegeilt, aber noch nicht hart. Thimos dunkler Bewuchs vom Nabel abwärts. Mein blonder Urwald. Wir rasieren uns da unten nicht, alles Natur.

Vorsichtig kommen Manus Hände, greifen nach unseren beiden Schwengeln, die erwachen und wachsen, feuchte, rotviolette Knospen recken sich ihrem Bewunderer entgegen. Manu ist jetzt richtig bei der Sache, er will uns nicht mehr nur anschauen, seine Zunge beginnt ihr Werk, zögerlich erst an den Pilzköpfen, doch bald schluckt er abwechselnd unsere beiden inzwischen vollsteifen Gurken. Er hat einen Schwanz im Maul, mit einer Hand wichst er den anderen, und mit der zweiten Hand befreit er sich selbst von Hose und Slip.

Thimo gibt mir ein Zeichen, wir drehen uns um, bücken uns, recken ihm unsere Mackerärsche entgegen, die hat er schließlich auch gefilmt. Dass wir das nicht machen, um uns von ihm bumsen zu lassen, ist ihm hoffentlich klar. Wir erwarten was anderes.

Er kommt näher ran. Ich spüre seinen Atem an meinem Hintern, er lässt bei uns beiden einen Finger durch die Ritze gleiten, schnaubt, ersetzt den Finger durch seine Zunge, speichelt meine Kimme ein, schlabbert über mein Loch, bis Thimos Hand nach hinten fasst und den Kopf von meinem zu seinem eigenen dunkel behaarten Arsch zwingt. Ehe ich nun unbeteiligt danebenstehe, sehe ich mir Manu genauer an. Viel dran ist an ihm nicht, schmale Hüften, auf den Fersen knapp über dem Boden ein kleiner, fester Hintern, dem ich mich nun widme. Ein paar Tropfen des Öls, mit dem wir unsere Heckenscheren und Ähnliches gängig halten, auf den Finger, damit erkunde ich schon mal das Terrain. Das Ärschlein geht willig auf, den Zeigefinger bis zum Anschlag reinzuschieben ist kein Problem, dieses Loch ist bereit für mehr. Mein Blick fällt auf eine kleine Handschaufel, die hier rumliegt, ergonomisch geformter Griff, eine Mulde für jeden Finger, geradezu ideal … ich schmiere das Ding ein.

»Manu, komm mal mit dem Arsch hoch, ich hab was für dich!« Er versucht es, doch dann kann er vorne nicht mehr Thimo lecken, und der protestiert. So geht es nicht, das muss ich einsehen.

Ich breite eine alte Decke auf dem Werkstattboden aus. »Leg dich hier drauf!«

Manu packt sich auf den Rücken, präsentiert dabei seinen Ständer, der so aussieht wie er selbst: lang, aber eher dünn. Und stocksteif. Die Haare direkt über seinem Schwanz hat er abrasiert, aber rechts und links zieht sich an den Leisten je ein Streifen schräg nach oben. Sieht irgendwie seltsam aus.

»Was hast du da gemacht?«

»Ich wollte es grün färben. Hat nicht so geklappt.«

Kann man sagen. Der Farbton ist … so eine Art Lila. Spielt aber keine Rolle für das, was wir vorhaben. Thimo lässt sich weiter den Arsch auslecken, er kniet über Manus Brust, ich drücke dessen Beine hoch und nehme mir dann seinen Hintern vor. Setze die Schaufel an, drücke den ersten Knubbel hinein, der Griff verjüngt sich, das Loch zieht sich zusammen, der Arschring dehnt sich mit der nächsten Wulst, fünfmal geht es auf und wieder ab, dann ist der Plastikgriff vollständig in Manus Arschkanal drin, und nur noch das Schaufelblatt an einem kurzen Stiel ragt aus dem Loch. Manu hat nicht gesehen, womit ich ihn aufbohre, aber bei jeder Dehnung seines Anus wurde sein Stöhnen lauter, und seine Wichshand hielt einen Moment inne. Thimo beugt sich etwas vor, um genauer zu sehen, was ich da mache, und er hält nun Manus Beine fest, so habe ich beide Hände frei, um das Gartengerät als Dildo zu benutzen. Ich ziehe es langsam wieder fast heraus, schiebe es erneut hinein, die Möse geht mit, öffnet und schließt sich, soweit eben möglich. Etwas schneller, noch mal, schließlich mit einem Schmatzen ganz heraus, das Fotzenloch bleibt erwartungsvoll offen, und da stecke ich nun meinen Mast hinein und vögle drauflos. Manu merkt natürlich, dass nun echtes Fleisch in ihm steckt, und wird noch mal lauter, soweit man das bei dem, was da unter Thimos Arsch herausdringt, sagen kann.

Thimo beugt sich zu mir, und bevor er mir die Zunge in den Mund steckt, flüstert er mir zu: »Morgen mach ich's dir mit der Schaufel!«, und das gibt mir den Rest, noch ein paar heftige Bockstöße, dann kriegt Manu meine Soße reingepumpt, noch ein »Schwein!« von Thimo, er hobelt sich heftig seinen Fickpflock, auch Manu wichst schneller, ich bleibe in ihm, spüre das Ziehen in seinem Unterkörper, als er kommt und sich selbst vollspritzt. Thimo ist auch so weit, eine zweite Portion Sperma ergießt sich auf Manu, der leise wimmert, als ich seinem Loch meinen Schwengel entziehe und es sich endlich wieder schließen kann.

Ich werfe Manu einige Putzlappen zu und versuche, das Öl von meinem eigenen Schwanz wieder abzukriegen ... so ganz ideal war dieses Schmiermittel nicht.

Manu filmt uns in der Abendsonne vor einem Gewächshaus, macht eine Nahaufnahme von den Karten mit der Überschrift »Die zwei Gärtner«, mit unseren Kontaktdaten, die wir als Werbematerial verteilen. Er zeichnet auf, wie wir die Sträußchen für die Wangen der Kirchenbänke, die Tischgestecke und alles weitere so weit vorbereiten, dass morgen nur noch die frischen Blüten ergänzt werden müssen. Das Video wird natürlich noch geschnitten und vertont, dabei sollen wir auch namentlich genannt werden.

Und da die Hochzeitsgäste eine Kopie der Aufnahmen bekommen sollen – gute Werbung.

Als ich mich abends ausziehe, fallen mir etliche Ölflecken an meinem Slip auf, und da man das Ding nur bei dreißig Grad waschen kann …

»Geht nicht raus. Kannst du wegschmeißen«, stellt Thimo fest, ehe er mich durchorgelt.

Zumindest zum Reinspritzen ist die versaute Unterhose noch gut genug.

4. Abgefüllt

Samstags können wir nie ausschlafen, sehr früh schon kommen wie immer Georg und Conny, um Waren abzuholen für einen Händler, der in der Gegend unsere Sachen an seinen Marktständen vertreibt. Georg ist Connys Meister, und manchmal stellt er dessen Arsch seinen Freunden, also uns, zur Verfügung. Ich muss bei Gelegenheit anregen, das mal wieder zu machen. Der Abstecher in Manus Loch gestern hat Appetit gemacht auf mehr, ich muss wieder öfter selbst ficken, nicht immer nur für Thimo hinhalten. Obwohl das natürlich auch was hat.

Später am Vormittag trifft wie vereinbart das Hochzeitsauto bei uns ein, ein Mercedes-Cabriolet mit historischem Kennzeichen und mit livriertem Chauffeur, einem schnieken Kerl, der würde mir gefallen. Leider gibt es weder Zeit noch Gelegenheit, um zu erkunden, ob er Interesse hätte, denn Manu ist dabei, und wir müssen nun loslegen. Er filmt uns, wie wir Blumen schneiden, sie zu dem gestern schon vorbereiteten Grünzeug stecken, die Kühlerhaube des Wagens schmücken, den Brautstrauß binden, ein

Traum in Gelb und Weiß. Nachdem der Chauffeur wieder weg ist, laden wir alles andere in unseren Transporter, Thimo fährt mit Manu im Schlepptau zur Kirche und ins Restaurant, um dort die Deko anzubringen, ich bleibe hier, denn gerade am Samstag kommt immer mal auch Laufkundschaft vorbei.

»Vor der Kirche ist uns der Bräutigam schon begegnet«, berichtet Thimo, als er am frühen Nachmittag zurückkommt. »Zumindest ihm hat alles gefallen. Und wir können morgen unsere Schalen und Tafelaufsätze in dem Hotel wieder abholen.«

»Gut. Ist dir der Chauffeur noch mal über den Weg gelaufen?«

»Leider nicht. Fandest du ihn auch geil? Ich habe Manu gefragt, ob er was über ihn weiß, aber er kennt ihn nicht. Der Bräutigam hat einen Hochzeitsplaner beauftragt, und der wiederum den Autoverleih, Manus Videofirma, uns und so weiter. Nicht billig, das Ganze. Und jetzt ist endlich Wochenende.«

Wir machen uns einen faulen Nachmittag, das muss auch mal sein, und nach dem Abendessen verschwindet Thimo mit den Worten, er müsse was vorbereiten und ich solle mich überraschen lassen.

Als er zurückkommt, will er mir die Augen verbinden, und meinen Protest würgt er ab. Mir würde schon nichts passieren.

Er führt mich vorsichtig aus dem Haus, über den Hof, ich merke, wir gehen zu unserer Werkstatt, und ich habe eine Vermutung, was mich da erwartet.

»Setz dich auf den Boden!«, fordert er, ich spüre, dass da

eine Decke ausgebreitet ist, wahrscheinlich dieselbe, die ich gestern Manu hingelegt habe.

Thimo beginnt, mich auszuziehen, und als das T-Shirt weg ist, soll ich mich auf den Rücken legen. Ein fester Griff packt mein Gemächt, als ich schließlich völlig blank daliege. Nun höre ich, wie sich Thimo von allen Klamotten befreit, dann ist er direkt neben meinem Kopf, dreht ihn zu sich, verlangt: »Mund auf!«, und schon habe ich seinen Speer im Rachen, noch nicht völlig hart, aber in mir wächst er und wächst. Ein prüfender Griff und einige Wichszüge an meiner Latte, Thimo entzieht mir sein Rohr, und kurz darauf kniet er über mir, sitzt auf mir, wetzt seinen Hintern auf meinem Gesicht, dabei verrutscht das Band über meinen Augen, und ich kann wieder was sehen: nämlich Thimos geilen Arsch und sein breites Kreuz über meiner Fresse.

»Beine hoch!«, befiehlt er, klemmt sich meine Schenkel unter die Achseln, mein Hintern hängt nun in der Luft, mein Loch ist frei zugänglich. Er spuckt darauf, bohrt mit einem Finger vor, aber was er jetzt macht, kann ich wegen seiner breiten Rückseite nicht sehen, doch er träufelt irgendwas auf mich, kommt noch mal mit einem Finger, es flutscht wie nichts. Hoffentlich hat er ein anderes Öl genommen als ich gestern. Muss ja nicht alle meine Unterhosen versauen.

Er setzt etwas Hartes an meiner Pforte an, mit drehenden Bewegungen bearbeitet er mein Loch, dehnt mich, drückt etwas hinein, meine Fotze schluckt es, kann sich aber danach nicht schließen, es ist, wie wenn auf einen fetten Schwanzkopf ein etwas dünnerer Schaft folgt. Mir ist klar, was da in mir steckt. Noch viermal wird mein Mösenring geweitet, nach dem letzten Mal umklammert er nur noch einen dünnen Metallstab, und ich weiß, nun ragt ein Schaufelblatt zwischen meinen Hinterbacken aus mir heraus.

»Du hast einen geilen Arsch!«, stöhnt Thimo mit rauer Stimme und beginnt, mich mit diesem Spaten zu ficken. Ich kann nichts erwidern, zu fest hockt er auf mir, presst sein Loch auf meinen Mund, meine Zunge bohrt sich in ihn, und während er das Ding in mir immer schneller herauszieht und wieder hineinstopft, wird mein Schwanz härter und härter, er muss schon tropfen, es gelingt mir, ein »Hör auf!« herauszupressen, ehe es passiert und ich meinen Bauch und meine Brust einsaue.

Thimo hebt seinen Hintern ein wenig an, er wichst sich jetzt, in seiner Ritze könnte man Nüsse knacken, so fest spannt er seine Arschbacken an, als mich sein heißer Schwall Männersahne trifft.

»Thimo, nimm dieses Ding raus!«

Immer noch schnaubend befreit er mich von dem Fremdkörper in meinem Hintern, lässt sich dann neben mich auf die Decke fallen, mit einem verschmitzt-erschöpft-verliebten Blick. »War's schön? Ich wüsste noch mehr für deinen Arsch …«

»Schwein!«

»Wir könnten morgen Mittag eigentlich essen gehen«, schlage ich vor, als wir später im Bett liegen. »Wenn wir sowieso wegen unserer Sachen in das Hotel müssen. Was meinst du?«

»Ruf vorher an, ob sie einen Tisch haben. Und ob es reicht, wenn wir das Zeug erst am späten Vormittag abholen.«

Am Sonntag steht zunächst Büroarbeit an, gehört auch dazu, ich bin froh, dass Thimo das meiste macht. Er ist von uns beiden der bessere Organisator. Wir führen natürlich einen Kalender mit all unseren Terminen und gehen die nächste Woche schon mal durch. Wir sind gut im Geschäft.

Unsere Tischreservierung ging klar, und wir holen aus dem Saal, in dem gestern gefeiert wurde, die Vasen, Schalen, Gesteckhalter, die uns gehören. Auf dem Weg zum Parkplatz läuft uns das Brautpaar über den Weg, sie haben wohl hier im Hotel übernachtet. Wir wünschen noch mal alles Gute, ein wenig Small Talk, sie bedanken sich, unsere Blumen seien sehr schön gewesen.

Und dann lassen wir uns jeder eine halbe Ente mit Blaukraut und Knödeln schmecken, so was kochen wir zu Hause nie, das dauert einfach zu lang, und der Backofen ist eh zu klein.

Obwohl wir uns abends nur einen Salat gemacht haben, sind wir vom Mittagessen immer noch voll, und Thimo schlägt vor, ein paar Kalorien extra zu verbrennen. Er wüsste auch wie und fordert mich auf, mitzukommen in den Keller. Da steht der Bock, auf den Robert neulich angespielt hat, da soll ich mich nackt rücklings drauflegen. Thimo sieht zu, wie ich mich ausziehe und zurechtlege, ein lüsternes Flackern zeigt sich in seinen Augen. Das Gerät hat eine Liegefläche für den Körper und verstellbare Bretter für die Beine, alles mit schwarzem Leder bezogen, und als ich bequem liege, bindet er mich an den Knöcheln mit Gurten an den Brettern fest. Gefesselt werden will ich eigentlich nicht, doch Thimo sagt, es müsse sein.

»So brauchst du nicht auf deine Füße zu achten und kannst sie einfach hängen lassen.«

Dann hantiert er an dem Gestell rum, auf dem ich liege, und danach ragen meine Beine, weit gespreizt, senkrecht in die Höhe. Die Fußteile des Bocks sind um fast hundertachtzig Grad schwenkbar, und mein Loch muss sich nun schamlos und frei zugänglich darbieten. Thimo schlägt mit den Fingern einige Male fest dagegen, ich mache mit, spanne an, lasse locker, mein Schwanz wächst auch schon, was Thimo zufrieden registriert.

»Kannst es kaum erwarten, was?«

Stimmt, ich kann es kaum erwarten, will, dass er mich nimmt, mir mit seinem Kolben den Arsch aufbohrt, mich mit seinem Männersaft abfüllt …

Er verbindet mir wieder die Augen, um ein Spiel mit mir zu veranstalten, sagt er.

»Soll ich hier auf dem Bock Topfschlagen spielen? Thimo, wir sind doch nicht im Kindergarten! Fick mich lieber!«

»Warte doch. Und lass das Tuch drauf!« Ich höre, wie er den Raum verlässt, gefolgt von undefinierbaren Geräuschen von nebenan, dann kommt er wieder, legt anscheinend mehrere Sachen irgendwo ab, zieht sich aus.

»Thimo, was machst du da?«

»Du musst dir meinen Schwanz heute verdienen. Ich

habe hier ein paar Sachen, die ich dir reinstecken werde. Wenn du erkennst, was es ist, nehme ich das nächste Teil. Zum Schluss kriegst du mich. Alles klar?«

Ein Schraubverschluss, glitschiges Zeug in meiner Kimme. »Ich fange jetzt an.«

Etwas bohrt sich in mein Loch, wird schnell dicker… »Deine Finger!«

»Gut. Wie viele?«

»Drei! Thimo, das ist doch einfach!«

»Warte nur.« Die Finger verschwinden, etwas anderes drückt gegen meinen Arsch, erzwingt sich Zugang, das Teil verjüngt sich, wird wieder dicker…

»Die Schaufel von gestern! Thimo, ich bin doch nicht blöd!«

»Nein, aber es ist geil, wie dein Loch dieses Ding schluckt.« Er steckt es mir ganz rein, zieht es fast wieder heraus, noch mal hinein.

Es ist geil, aber… »Du hast gesagt, du nimmst das nächste Ding, wenn ich was weiß!«

»Ja, schon gut.« Noch mal ziehen sich alle Knubbel des Schaufelgriffs durch meine Arschmöse, dann ist mein Loch wieder leer, und Thimo klapst einige Male mit der Hand dagegen. »Geiles Loch. Jetzt wird's schwieriger!«

Er setzt mit etwas an, es ist ein klein bisschen nachgiebig, nicht so hart wie der Schaufelgriff eben. Erst irgendwie unregelmäßig geformt, dann ziemlich gleichmäßig rund, es reicht weit in mich hinein, zunächst bin ich unschlüssig, doch als sich direkt unterhalb meines Lochs noch etwas an mich presst, wird es mir klar. »Unser Dildo!«

»*Dein* Dildo! *Du* hast dich damit gefickt, bevor du

kapiert hast, dass mein Schwanz viel besser ist. Das wollen wir doch nicht vergessen!« Er stopft mich nun mit diesem Gummipimmel und rubbelt zugleich an meiner Latte.

»Thimo, hör auf! Und nimm das Ding raus, ich hab's erkannt. Nimm endlich deinen eigenen Schwanz! Ist viel besser! Waah ... Spinnst du?« Er hat mit einem Ruck den Dildo aus mir rausgerissen, mein Loch muss weit offen klaffen, und schon steckt das nächste Gerät in mir, keine Ahnung, was, nicht sehr dick, gleichmäßig rund, eher warm ...

»Ich weiß es nicht!«

»Überleg! Du hattest es gestern erst in der Hand.«

»Keine Ahnung! Fick mich endlich richtig, sonst hol ich mir jetzt einen runter, und dann kneife ich so zu, dass du nicht mehr reinkommst!«

»Das wirst du schön bleiben lassen!« Thimo muss immer noch hinter mir stehen, doch er nestelt auf beiden Seiten meines Körpers rum, und dann schließt sich auf Bauchhöhe ein Gurt um mich, fesselt meine Arme an meinen Körper, die Hände kann ich noch bewegen, doch an meine Latte komme ich nicht.

»Spinnst du? Mach mich sofort wieder los!«

»Überleg!« Er fickt mich wieder mit diesem Was-auch-immer. »Das ist das Letzte. Als Nächstes kriegst du meinen Schwanz. Du hast gestern Abend den Tisch gedeckt.«

»Keine Ahnung! Nimm dieses Ding raus!«

Er ignoriert meinen Protest. Bearbeitet meinen Arschkanal. »Das Teil wird noch in dir schmelzen, wenn dir nicht bald was einfällt!«

»Ich weiß es ni... Die Kerze!«

»Na also, geht doch.« Er befreit mich von diesem Wachsding und legt es auf mir ab. »Hat sich schon verbogen. So heiß ist es in deinem Arsch!«

Endlich! Er setzt an, stopft mich, ein straffer Bauch klatscht gegen meinen Hintern, und diesmal ist es warm, heiß, lebendig in mir, das Teil reicht noch weiter in mich hinein als alles davor, und ich spüre, wie er ihn ganz herauszieht und wieder reinsteckt.

Ich zerre an dem Gurt um meinen Körper. »Mach mich los! Ich will was sehen! Und wichsen!«

Die Augenbinde nimmt er mir ab, aber: »Die Hände brauchst du nicht! Du wirst auch so kommen. Dein Arsch ist nämlich dazu geschaffen, gefickt zu werden.« Lüsterner Blick.

Rhythmische Stöße, lautes Klatschen, wenn sein Bauch, seine Lenden meinen Arsch, meine Schenkel treffen, immer härter. Meinen Schwanz fasst er nicht an, doch mit einem festen Griff packt er meine Klunker, spielt mit ihnen. Zwischen uns tasten sich seine Finger vor, bis zu meinem Loch, natürlich bin ich gerade steinhart, was er zufrieden grunzend registriert. »Bist eine gut eingerittene Sau!«, presst er hervor, und das gibt mir den Rest. So hat er mich noch nie genannt. Gut eingerittene Sau! Ich hebe den Kopf ein wenig, mein Rohr richtet sich auf, der Pissschlitz öffnet sich, ich fühle es pumpen, und da klatscht mir schon das Sperma ins Gesicht, ich kriege gerade noch die Augen zu, es läuft über meine Nase, meine Wange, zu meinem Mund, ich lecke meine eigene Soße, immer noch heftige Bockstöße in meinem Arsch, bis Thimo endlich innehält und mich tief, ganz tief drinnen mit seinem Saft abfüllt.

5. Ein ganz besonderer Kundenservice

Wir kuscheln im Bett, noch ist es das alte, schmale Gestell, aber das bestellte Exemplar soll kommende Woche schon geliefert werden.

»Wir können dieses Ding hier in den Anbau schaffen, wenn das neue Bett da ist«, schlage ich vor. »Besser als die Matratze, die jetzt da liegt, ist es allemal.«

Unser Haus hat in einem Anbau eine Art Einliegerwohnung, Flur, Bad, ein großes Zimmer – hat ein Vorbesitzer mal für einen seiner Arbeiter bauen lassen. Für eine Person reicht's, oder eben für Gäste.

»Meinetwegen«, brummt Thimo, doch eigentlich ist er schon weggetreten.

Der Möbelwagen kommt am vereinbarten Dienstag, zwei Kerle schleppen alles hoch in unser Schlafzimmer, bauen das Teil da zusammen, der eine scheint das erste Mal ein Doppelbett an zwei Männer zu liefern und lässt, natürlich ohne es direkt zu sagen, raushängen, dass er ziemlich bäh findet, was in diesem Bett passieren wird. Der andere ist aufgeschlossener, sagt so was wie »Wir hoffen, Sie sind zufrieden«, der kriegt auch ein Trinkgeld.

Thimo und ich schaffen das alte Teil in den Anbau, da sind sonst nur ein kleiner Esstisch mit zwei Stühlen und eine Küchenzeile drin, also ziemlich kahl das Ganze, aber aus dem Raum ließe sich was machen. Nur wozu? Wenn mal jemand bei uns pennt, reicht ihm ein Bett.

Selbstverständlich gibt es eine Einweihung unserer Neuerwerbung. Wir wälzen uns nackt auf den neuen Matratzen herum wie die Kinder, ehe mir Thimo seinen Kolben ins Maul zwängt, sich zugleich über meinen hermacht, bis wir uns gegenseitig den Rachen mit frischer Sahne füllen. Nach einer Verschnaufpause bin ich dann dran, Thimo dreht mich auf den Bauch, legt sich mit dem ganzen Körper auf mich und bumst mich richtig durch, meine Arschbacken federn bei jedem Stoß, mit Wucht hämmert er mich in die Matratze, und ich muss mich zurückhalten, um nicht gleich am ersten Tag alles einzusauen. Erst nachdem Thimo sich lautstark in mir entladen hat und wir uns auf die Seite gedreht haben, kann ich mich fertig machen und in meinem Tempo abspritzen.

»Ich versteh mich selber nicht.« Rede ich jetzt mit Thimo, oder führe ich ein Selbstgespräch?

»Wie meinst du das?«

»Wie ich mich von dir rannehmen lasse! Das dürfte kein anderer mit mir machen. Aber bei dir will ich es!«

»Du bist einfach so! Hat gedauert, bis du es kapiert hast, aber ich hab es schon immer gewusst.«

»Was hast du gewusst?«

»Wie du bist! Mir willst du dich unterwerfen, die anderen willst du dominieren.« Thimo sieht mir jetzt in die Augen. »Carsten, gerade das finde ich geil an dir. Wenn ich dabei bin, darfst du sonst wen vögeln. Aber dein Arsch gehört mir! Willst du noch mal?«

»Thimo, ich kann nicht mehr. Ich will schlafen.«

»Na schön … gute Nacht!«

Ich will nicht nur schlafen, ich will auch nachdenken. Irgendwie hat Thimo recht. Ich genieße es, wenn er mich durchzieht. Aber es soll kein anderer auf die Idee kommen, mich so zu behandeln.

Wir haben Mittwochnachmittag geschlossen, um auch mal zusammen was erledigen zu können, und diese Woche nutzen wir die Gelegenheit zum Besuch einer Maßmöbelfirma. Wir suchen ein System aus mit Fronten und Griffen, die uns gefallen. Unsere Skizze mit den Maßen des Zimmers ist dem Berater aber nicht genau genug, das müsse jemand nachmessen, der könnte auch gleich mitkommen, wenn wir wollten, und wenn dann klar sei, wie es werden soll, bekämen wir ein konkretes Angebot. Wir sind einverstanden, und so folgt uns auf dem Rückweg ein junger Schreiner in einem Firmenwagen.

Er stellt sich auf unserem Hof mit »Ich bin der Kilian, wenn's recht ist« vor, und so reden wir ihn mit Vornamen an. Er sagt »ihr« und »euch« und vermeidet es, uns einzeln anzusprechen, um die Frage nach dem »Du« oder dem »Sie« zu umgehen. Er dürfte in Manus Alter sein, ist aber deutlich bodenständiger, kein grüner Goatee, glattrasiert, kurze dunkle Haare, ein offenes, freundliches Gesicht, und man sieht ihm an, dass er körperlich arbeitet. Er trägt ein weißes T-Shirt mit dem Logo seiner Firma und eine Hose mit diversen Seitentaschen, dazu feste Schuhe. Kein Schnickschnack, klassischer Handwerker. Er holt einige Sachen aus seinem Auto, nickt uns zu.

»Es kann losgehen. Wo müssen wir hin?«

Ich gehe voraus ins Haus, die Treppe hoch, Kilian folgt mir, dann Thimo.

»Hier rein.«

Ich trete zur Seite, lasse Kilian vorausgehen, und als ich dann selbst ins Zimmer komme, springt mir sofort die große Flasche Gleitgel auf der Konsole hinter dem Bett ins Auge. Das Ding jetzt wegzuräumen bringt nichts, wahrscheinlich hat's Kilian eh schon gesehen. Thimo verdreht die Augen, aber ich meine, er hätte ja auch daran denken können, schließlich hat er gestern seine Latte und mein Loch mit dem Zeug eingeschmiert.

Kilian wendet sich unserer Skizze zu, wir haben überlegt, wo wir Schubladen, Wäschefächer, Stangen für hängendes Zeug haben wollen. Er schlägt einige sinnvolle Änderungen vor und macht sich dann ans Ausmessen. Geht natürlich heute alles mit Laser, trotzdem muss er wegen der altbautypischen schiefen Wände auf einer Leiter über Kopf direkt an der Decke messen. Dabei rutscht ihm das T-Shirt hoch, sein nackter Bauch taucht auf, mit einem feinen Streifen dunkler Haare vom Nabel abwärts, und als Kilian auf dem Boden herumkriecht und der Ansatz eines sehr ansehnlichen Hinterteils freiliegt, gucke nicht nur ich hin.

»So, erst mal fertig.« Er hat sich eine Menge Notizen gemacht. »Wir werden ausrechnen, was es kosten wird, das kriegt ihr so bald wie möglich.« Er sieht sich um. »Eins noch. Manche Leute wollen im Schlafzimmer einen Bildschirm. Oder Spiegel. Wie ist es damit?«

»Brauchen wir zum Schlafen eigentlich nicht, oder?«, wendet sich Thimo an mich. Ich zögere mit einer Antwort.

»War nur ein Vorschlag.« Fragender Blick von Kilian.

»Bildschirm sicher nicht«, sage ich jetzt. »So wenig Elektronik wie möglich hier drin. Und ein Spiegel … wo denn?«

»Man könnte da gegenüber vom Bett zwei verspiegelte Schranktüren anbringen.« Kilian stellt sich ans Fußende des Bettes, schaut auf den Plan, markiert zwei Schrankelemente, deutet mit ausgebreiteten Armen auf die Wand vor sich. »Hier müsst ihr euch das vorstellen. Etwa eins zwanzig breit.«

Wir stellen uns zu beiden Seiten neben ihn. »Hm«, macht Thimo. »Wir stehen eher selten hier.«

»Man muss nicht davor stehen. Setzt euch doch.«

Wir hocken uns auf die Bettkante, Kilians Hintern ist jetzt auf Kopfhöhe schräg vor uns. Thimos Augen wandern von dessen drallen Rundungen zu mir, er hebt die Augenbrauen, ich nicke.

»Willst du dich nicht auch setzen?«, fragt Thimo Kilian. »Nur ein Vorschlag. Oder musst du zurück?«

»Nicht sofort.« Er setzt sich zwischen uns. Legt seine Hände auf unsere Oberschenkel. Er hat verstanden. Wir lassen den Oberkörper zurückfallen auf die Matratze, Kilians linke Hand ertastet meinen Schritt, wo sich bereits etwas rührt. Ich sehe es nicht, aber sicher ist auch seine Rechte nicht untätig.

»Ich schlage vor«, sagt Kilian, »wir ziehen uns aus.«

Kurz danach liegen wir alle drei nackt auf der Spielwiese. An Kilian ist, so wie bei uns, alles Natur. Keine Haarfärbe- und Rasierversuche, er ist einfach ein junger, geiler Kerl, der Lust auf Männersex hat. Sehr gut gebaut, mit einem ziemlich breiten Kreuz und kräftigen Armen und Beinen, und sehr gut ausgestattet, mit einem äußerst appetitlichen Hinterteil, einem ordentlichen Schwengel und fetten Nüssen in einem stark behaarten Sack. Er will aber nicht einfach nur seine Löcher zur Verfügung stellen, wir sollen uns auch um seinen Kolben kümmern, und nun lecke, sauge, nuckle ich nach langer Zeit mal wieder an einem anderen Riemen als dem von Thimo. Lecker, sehr lecker. Thimo hat zwar vorhin meinen Kopf in Richtung von Kilians Schwanzpaket gedrückt und »Lutsch ihn!« geflüstert, aber nun guckt er nur zu, und dass mir die Blaserei Spaß macht, scheint ihm auch wieder nicht recht zu sein. Also entweder machen wir hier einen Dreier, oder wir lassen es bleiben, da muss er sich entscheiden.

Ich ziehe ihn an seinem Halbsteifen heran und widme mich abwechselnd beiden Prügeln, das zeigt Wirkung, bald habe ich zwei Vollständer vor der Nase. Thimos Gesichtsausdruck hat sich entspannt, er spielt mit meinem Gemächt, während ich an zwei Pissschlitzen züngle und stramme Pobacken knete. Thimo rückt von uns ab, rutscht hinter Kilian, spuckt sich in die Hand und beginnt, dessen Hintern zu erkunden. Kilians Schwanz reagiert sofort, als Thimo den Eingang seiner Lustgrotte erreicht hat, und wird noch härter. Der Kerl packt meinen Kopf, verpasst mir einen Maulfick, und Thimos Finger arbeitet sich nun wohl vor in seinen Arschkanal, was ihn so aufgeilen muss, dass er plötzlich mit seinen Bewegungen innehält und mit einem lauten, wohligen »Jaaahh!« meinen Mund mit einer deftigen Portion seines Samens füllt.

»Das ging aber schnell«, stellt Thimo zu Recht fest. »Hast du's so nötig gehabt?«

Kilians Brust pumpt noch, ich glaube, er hatte es sehr nötig. »Gleich ...«, stammelt er, »gleich ... ihr habt mich ... aaahh ...« Er lässt sich auf den Rücken fallen, und wir hocken und knien aufgegeilt und mit steifem Schwanz neben ihm. So richtig befriedigend war das noch nicht.

Kilian ist wieder zu Atem gekommen. »Passiert mir beim ersten Mal oft«, meint er etwas verlegen. »Aber ich kann schnell wieder, werdet ihr gleich sehen.« Mit diesen Worten greift er nach unseren Teilen. »Kommt doch her!« Er öffnet den Mund, leckt sich die Lippen, und wir rücken auf Knien von rechts und links zu seinem Kopf, seine Zunge umspielt unsere Prügel, während Thimo und ich uns umarmen und in einem heißen Kuss versinken. In dieser Stellung kann sich Kilian unsere Schwänze natürlich nicht richtig reinziehen, doch er umfasst sie mit beiden Händen, drückt sie fest zusammen und wichst uns, hart, kräftig, fordernd. Ich klammere mich an Thimos Rücken, dessen Hände sind an meinem Arsch, und dieser geile Schreiner ist jetzt heiß auf unsere Soße. Meine kann er bald haben ... und so wie Thimos Zunge in meinem Gaumen rotiert, ist der auch bald spritzbereit. Ein kurzer Seitenblick, sogar Kilian hat schon wieder einen stehen. Er hat nun in jede Hand einen Schwanz genommen und wichst uns wie besessen, Thimo schnaubt, ich weiß, gleich kommt er, so wie er meine Arschbacken packt, jetzt, jetzt kriegt Kilian seine Soße, und ja, wichs mich, wichs, wichs … da, da hast du auch noch meine, du kleine Schreinersau!

Kilian lässt uns los, packt mit beiden Händen sein eigenes Rohr, schnelles, hektisches Auf und Ab, und da ist er schon wieder so weit, spritzt sich brüllend auf den Bauch.

Thimo und ich legen uns neben Kilian, dabei sehe ich, wie verkleistert sein Gesicht ist, ein Teil unserer Ladungen ist wohl danebengegangen.

Nach ein paar Minuten verlangt er dann auch nach Tempos und wischt sich ab, ehe er sich wieder aufsetzt.

»Das Bett ist gut«, stellt er fest. »Hält was aus.«

»Was wird es denn ungefähr kosten?«, fragt Thimo, als wir noch bei einem Bier zusammensitzen.

»So mit vier- bis fünftausend müsst ihr schon rechnen«, schätzt Kilian. »Nicht billig, ich weiß, aber es wird schön, werdet ihr sehen.«

»Thimo, merkst du was?«, lästere ich ein wenig. »Er kriegt bestimmt eine Provision von seinem Chef, wenn er was verkauft!«

»Irrtum.« Kilian macht meinen Tonfall nach. »Ich kriege keine Provision. Ich *bin* der Chef.«

»Du bist …?« Ich bin selten um eine Antwort verlegen, aber damit hätte ich nie gerechnet.

Thimo stupst mich an. »Da sparen wir zumindest das Trinkgeld, wenn er uns die Schränke auch aufbaut. Dem Chef braucht man nichts zu geben.«

»Beim Aufbau ist ein Mitarbeiter dabei. Der freut sich schon, wenn er was kriegt.«

»Schade. Ich meine, dass jemand dabei ist.« Ich habe meine Sprache wiedergefunden.

»Aufbauen geht allein aber nicht. Pech. Ich melde mich, wenn der Kostenvoranschlag fertig ist. Spätestens Ende der Woche.« Kilian verabschiedet sich.

6. Besucherritze

Hättest du gedacht, dass er der Chef von dem Laden ist?«
»Nein. Nie. Aber er setzt sich jedenfalls für seine Firma ein. Mit allem, was er hat«, meint Thimo.
»Denkst du, das war schon alles? Der Mitarbeiter wird ja irgendwann Feierabend haben …«

»Schwein! Du denkst an seinen Arsch, gib's zu!«

»Du vielleicht nicht?«

»Doch, aber ich weiß nicht, ob er uns ranlässt. Der ist nicht so wie Manu oder Robert oder Conny.«

»Wir werden sehen. Aber, Thimo, als ich ihn vorhin geblasen habe, da hast du so komisch geguckt. Fast eifersüchtig. War dir das nicht recht? Sollen wir es lassen?«

»Hat es so gewirkt? Vielleicht ist was dran. Als ich gemerkt habe, dass es dir gefällt und wie versaut du bist … Wenn ich sage, du sollst fremde Schwänze lutschen, dann machst du's. Ich habe überlegt, was ich dich noch machen lassen kann!«

»Thimo, du spinnst! Ich mach doch nicht alles, was du sagst!«

»Doch, Carsten … und jetzt legst du dich nackt ins Bett, auf den Bauch, und machst die Beine breit. Ich muss ficken!«

Er sieht mir in die Augen und weiß genau, ich werde tun, was er will. Ich kann nicht anders.

Als ich mich im Schlafzimmer ausziehe, habe ich schon einen stehen. Und als ich dann die Kissen und Decken in einer Ecke des Bettes zusammenschiebe, stecke ich testweise mal meine Latte in die Besucherritze zwischen den Matratzen und probiere es mit ein paar Fickstößen. Diese Spalte massiert meinen Kolben, aber wenn ich darin abspritze, landet die Soße auf dem Lattenrost und in den Betttüchern … so geht das nicht. Ich behelfe mir mit meiner Unterhose, die ich um mein Rohr wickle, ehe ich es wieder in der Grube versenke. So viel wird jetzt nicht kommen, denn den größten Teil meiner Tagesproduktion hat vorhin Kilian abgekriegt.

Schritte auf der Treppe. Gleich wird Thimo in der Tür stehen und zwischen meinen gespreizten Arschbacken mein offenes, wartendes Loch sehen – wartend auf seinen Kolben, seine Dampframme … Ich hebe und senke meinen Arsch, mein Steifer bohrt sich zwischen die Matratzen. Ich blicke mich nicht um, doch bestimmt steht Thimo bereits hinter mir und geilt sich an mir auf.

Ich höre einen Reißverschluss, eine Hose fällt, weitere Klamotten landen auf dem Boden, eine Hand greift nach der Flasche Gel, hinter mir gibt die Matratze nach, er kniet zwischen meinen Beinen, und etwas Glitschiges tropft in meine Ritze, läuft runter, am Loch warten einige Finger auf das Zeug, verreiben es, verschaffen sich Zutritt, gehen in mir mit, wenn ich die Matratze vögle.

Die Finger verschwinden, Hände stützen sich neben

meinem Kopf ab, Thimos kräftiger Körper legt sich auf mich, seine Latte schubbert in meiner Kimme, ich nuckle an seinem Daumen, er hebt den Hintern an, seine Eichel sucht den Eingang. Jetzt ist er genau dran, ich spüre es, er auch, und als er sich nun wieder auf mich legt, bohrt er sich zugleich in mich, sein Zauberstab stopft meinen Arsch und fährt tief in mich hinein. Er presst sich gegen mich, so fest es nur geht, dabei drückt es zugleich meinen Harten zwischen die Matratzen, es ist fast, als würde auch ich ein Loch füllen. Er bewegt nur seinen Unterkörper, immer gerade so viel, dass nur sein Schwanzkopf noch in mir stecken bleibt, ehe er mich wieder bockt. Seine Zunge wandert von meinem Nacken zu meinem Ohr, ich wende ihm das Gesicht zu, wir küssen uns, soweit möglich, während ich weiter rhythmisch gestoßen werde.

Seine Hände umklammern mich, seine Stöße werden härter, seine Zunge wühlt jetzt in meinem Ohr, während ich mich an seinen Fingern festsauge, er stopft mich bis zum Anschlag, gut, dass ich auf den Matratzen liege. Irgendwann stemmt er seinen Oberkörper wieder hoch, so kann er mich noch härter hobeln, richtig brutal orgelt er mich durch, mein Loch brennt, ich kann mir nicht helfen, es kommt mir, schreiend spritze ich ab, hoffentlich in die Unterhose, und noch immer muss mein Arsch herhalten, wie ein Berserker wütet Thimo in mir, ehe er endlich, endlich genug hat, sich brüllend in mich ergießt und dann auf mich fallen lässt.

Nach einer Weile merkt er selbst, dass er mir zu schwer wird, und wir drehen uns zur Seite, dabei flutscht sein Schlapper aus meinem Loch und ruht sich nun auf meinem

Oberschenkel aus. Das Bett scheint nichts abgekriegt zu haben, nur die Unterhose ist natürlich versifft, aber Wichse geht beim Waschen raus.

»Thimo, was ist los? Du warst so … aggressiv?«

»War's schlimm? Wollte ich nicht. Aber ich hatte vor Augen, wie du Kilians Schwanz lutschst. Das hat mich erst wütend und dann dermaßen geil gemacht, dass ich einfach nicht anders konnte. Hat's dein Arsch verkraftet?«

»Der hält dich aus. Aber bist du nun eifersüchtig oder geil wegen Kilian? Wir sollten das klären, bevor er wiederkommt. Und wollen wir überhaupt so viel Kohle ausgeben? So mit viertausend hab ich schon gerechnet, aber es ist doch ein ganz schöner Batzen Geld.«

»Warten wir erst mal, was er sagt. Und vielleicht schreibt er uns ja eine Rechnung über Büromöbel. Könnten wir bei dem Betrag dann wahrscheinlich über mehrere Jahre verteilt bei der Steuer absetzen, oder hast du da moralische Bedenken?«

Habe ich nicht.

Thimo knuddelt sich an mich. »Hab dich lieb!«

»Das hoffe ich auch! Schließlich wollen wir nächste Woche heiraten. Aber was ist nun, abgesehen von den Möbeln, mit Kilian? Du hast schon recht, der ist anders als die Typen, die wir sonst zusammen durchziehen. Er wird das nicht mit sich machen lassen. Andererseits war er ganz offensichtlich sexuell ausgehungert. So schnell, wie der gleich zweimal gekommen ist …«

»Ich bin auch sexuell ausgehungert!« Thimo will schon wieder anfangen und grapscht nach meinem Teil.

»Thimo, lass! Du hast heute früh, am Nachmittag und

jetzt grade abgeladen. Deine Eier müssen leer sein. Außerdem tut mir der Hintern weh, und ich will selber mal wieder bumsen. Und zwar nicht die Matratze.«

»Na schön.« Er fummelt nicht mehr an mir rum, hält mich nur noch. »Dann schlafen wir eben. Hab dich trotzdem lieb!«

»Ich dich auch! Wir sind aber noch nicht fertig! Was ist mit Kilian?«

»Der schläft wahrscheinlich auch schon.«

Ich werde heute keine vernünftige Antwort mehr von ihm kriegen.

Beim Frühstück bohre ich deshalb noch mal nach. »Was ist jetzt mit Kilian? Wenn er will, dass ich ihn blase, bist du dann sauer oder geil oder was?«

»Ich habe schon überlegt, ob ich sauer oder geil werde, wenn er dich ficken will.«

»Du spinnst! *Ich* will ficken! Und mein Arsch gehört nur dir, das sagst du selbst immer.«

»Weiß ich. Aber da er mir gehört, kann ich ihn weiterreichen … komm her, ich hab schon wieder einen stehen!« Er rückt vom Tisch ab, zieht sich die Hosen runter und präsentiert, breitbeinig auf dem Stuhl sitzend, seinen Ständer – dabei habe ich ihm vor einer knappen Stunde erst die Morgenlatte abgesaugt. Wenn er so aufgegeilt ist, wird er nicht lockerlassen, und so knie ich mich, während der Kaffee kalt wird, vor ihm hin und lasse mir seinen Kolben in den Rachen schieben. Sein Ständer hat sich schon zu voller Pracht ausgefahren, irgendwas extrem Geiles muss in seinem Kopf abgehen.

»Ja … ja … ja«, stammelt er, »du hältst Kilian deine Kiste hin, und ich besteig ihn, aahh … wir nehmen ihn in die Mitte … ich werd dich durch ihn durch ficken …«

Sein Schwanz beginnt zu spucken, ich kriege die zweite Eiweißportion dieses Morgens eingetrichtert.

Wir schlürfen lauwarmen Kaffee. »Carsten, wir machen das nur, wenn du auch willst. Aber ich wäre nicht sauer. Sondern geil.«

»Das hab ich gemerkt. Vielleicht mach ich mit. Aber eigentlich will ich bumsen! Ich frag Georg, ob sie am Sonntagnachmittag vorbeikommen wollen. Okay?«

»Meinetwegen. Es soll ja schön bleiben, wir können sicher draußen sitzen.«

Es bleibt schön, ja. Und das bedeutet jeden zweiten Tag eine Tour zu den Senioren und über die Friedhöfe.

Zwischendurch erwische ich Georg. Er sagt, er wolle mit Conny reden und sie würden uns Samstagmorgen, wenn sie sowieso bei uns sind, Bescheid geben.

»Verstehst du das?«, frage ich Thimo abends. »Georg ist doch Connys Meister. Wieso muss er da erst mit ihm reden, ob sie kommen wollen?«

»Bei den beiden bin ich nicht so sicher, wer der Chef ist«, meint Thimo. »Sicher fickt und verhaut Georg Conny den Arsch, und insofern ist er sein Meister, aber Conny lässt schon durchblicken, wonach ihm ist, und Georg versteht seine Anspielungen. Hatten wir doch schon. Mit einer frechen Bemerkung hat er provoziert, dass ich ihn übers Knie lege. Weil er das wollte. Also wenn sie kommen und sich was entwickelt, dann weil Conny es will. Da kannst du sicher sein. Schließlich hat er was davon, wenn wir ihn ficken, nicht Georg. Der schaut ja nur zu.«

»Thimo, wie kommst du auf so was?«

»Menschenkenntnis. Da bin ich dir weit voraus. Deshalb weiß ich ja auch immer, was du willst.«

»Du bist ganz schön von dir überzeugt!«

»Aber ich hab recht! Und jetzt … die Ritze in der Matratze ist zumindest besser als gar kein Loch, oder? Leg dich so hin wie gestern. Ich komme dann gleich.«

»Ich will jetzt nicht!« Das stimmt zwar nicht, aber Thimo soll mal von seinem hohen Ross runterkommen.

»Natürlich willst du. Du tust jetzt nur so, als ob dir das nicht passen würde, weil du aus Prinzip nicht zugeben willst, dass ich schon wieder recht habe. Du kannst mir nichts vormachen. Aber meinetwegen … was willst du denn, angeblich?«

»Blas mir einen!«

»Mach ich. Wenn du mir dafür den Arsch leckst.«

Ich liege auf dem Rücken, Thimo kniet über mir, reckt mir seine Kiste entgegen, und ich schlabbere darüber, von links nach rechts und von oben nach unten, bis sein ganzer Arsch nass ist, dann konzentriere ich mich auf seine Kimme und zum Schluss auf sein Loch, er spielt mit seiner Muffe, kneift zu und lässt locker, und ich bohre mich mit der Zungenspitze hinein – mit etwas anderem lässt er mich nicht ran, nicht mal einen Finger will er drin haben.

Während ich so lecke und lecke und lecke, widmet sich Thimo meiner Zuckerstange, er ist wirklich gut als Bläser, seine raue Zunge umkreist meine empfindliche Eichel, seine Lippen schließen sich um meinen Schaft und speicheln ihn ein.

Nun richtet er seinen Oberkörper auf, dadurch hockt er fast auf mir, wetzt seinen Arsch auf meinem Gesicht, dabei hat er sich meine Kniekehlen hinter die Arme geklemmt, mein Unterleib hängt in der Luft, er bläst mich nicht mehr, sondern spuckt auf mein Loch, und seine Finger beginnen ihr Werk, einer nach dem anderen …

Als schon vier Stück in mir stecken, mich immer weiter aufbohren, lüpft er seinen Arsch ein wenig.

»Was ist?«

»Fick mich … fick mich, aber richtig …«

»Wusste ich's doch!« Flugs ist er von mir herunter, wickelt eine Unterhose um meinen Steifen und dreht mich so auf den Bauch, dass mein Rohr zwischen den Matratzen steckt. Und schon liegt er auf mir, zwängt meine Beine auseinander und seine Kanone in einem Zug bis zum Anschlag in meinen Arsch.

»Aah, Thimo … mach doch langsam …«

Er denkt gar nicht daran und hämmert weiter. »Hast du mich vorhin angelogen, hm?«

»Aah … ja … meinetwegen, aber mach langsamer …«

»Schön. Weil du's zugibst.« Er nimmt Tempo raus. »Ich hab es sowieso gewusst.«

Jetzt nimmt er mich zärtlich, liebevoll, mit Hingabe erkundet sein Lustkolben mein Loch, und ich lasse mich fallen, genieße die Massage in meinem Arschkanal und die an meinem Steifen durch die Matratzen.

Thimo liegt wieder ganz auf mir, sein Kopf neben meinem, und irgendwann flüstert er »Wollen wir?« in mein

Ohr, ich nicke, er wird schneller, drängender, redet weiter. »Warum wolltest du denn nicht sagen, dass ich dich ficken soll, hm? Ich weiß doch, wie mich dein Arsch braucht, du Ferkel.« Seine Stöße werden härter, lautes Klatschen, wenn er meine Hinterbacken trifft. »Soll ich dir in den Arsch spritzen, ja? Sag, dass du das willst, komm, sag es!«

»Ja, komm, fick mich … spritz mich voll, mir kommt's gleich … spritz … jaaahh, spritz ab, spritz mir in den Aaaa …« Es treibt mir den Saft raus, Thimo presst mich mit aller Wucht ins Bett, ich schreie in ein Kissen, ein letzter heftiger Fickstoß trifft mich, der Schwanz in mir pulsiert, lädt ab, eine fette Ladung Männersahne kriege ich ab.

7. Ein geiler Vorschlag

Ich bin mal wieder dran mit der Pflege des Parks bei den Senioren. Derzeit müssen wir hauptsächlich gießen und, wo nötig, mähen, jäten, Wege freischneiden. Einige ältere Damen, die ich vom Sehen kenne, sprechen mich an. Sie kämen nicht mehr in irgendwelche Läden und hätten gern auch auf ihren Zimmern etwas Blühendes, ob mein Kollege und ich nicht was mitbringen könnten. Ich sähe aus wie ihr Enkel, meint eine und tätschelt mir die Wange.

Sicherheitshalber spreche ich mit dem Leiter der Einrichtung, nicht dass wir uns da in die Nesseln setzen. Er hat nichts dagegen, meint allerdings, wir sollten möglichst robuste Sachen bringen, da manche Bewohner sicher vergäßen, dass Pflanzen Wasser brauchen.

Thimo ist ganz angetan von der Idee. »Probieren wir's zumindest. Wenn wir sowieso dahin fahren, nehmen wir einfach was mit. Ob es läuft, sehen wir dann schon.«

Erst mal läuft unser Freitagabendprogramm: Wir bereiten vor, was der Chef von Georg und Conny bestellt hat und was die beiden morgen abholen werden.

Und nach dem Essen gucken wir zusammen einen Porno und holen uns dabei gemütlich einen runter.

»Wir kommen morgen«, sagt Georg gleich zur Begrüßung, als sie am Samstag bei uns eintrudeln. »Er kann es kaum erwarten. Stimmt's, Conny?«

»Ja, Georg.«

»Er ist schon ganz fickrig, seit er weiß, dass er morgen drei Kolben reinkriegt. Was, Conny?«

»Ja, Georg.« Conny ist ein Morgenmuffel.

Ich werde auch fickrig wegen der Vorfreude auf seinen Arsch. Conny ist nicht so groß und stämmig wie Georg oder wir, aber ein richtig geiler Kerl. Und wenn er gut drauf ist, lässt er sehr viel mit sich machen. *Will* er sehr viel mit sich machen lassen. Ich muss mir den Schwanz in der Hose zurechtrücken. Thimo fällt es auf, aber er sagt nichts.

Dann das übliche Samstagsgeschäft. Mit den Preisen für ein Bund Tulpen aus Holland im Supermarkt können wir nicht mithalten, aber dafür sind unsere Sachen wirklich frisch und werden nicht im LKW durch halb Europa gekarrt, das hat sich rumgesprochen.

Zwischendurch registriere ich den Eingang zweier Mails von Kilian. Die erste von einer Firmenadresse, ganz förmlich mit »Sehr geehrte Herren …« und einem Kostenvoranschlag als Anhang, 4.300 Euro hat er ausgerechnet. »Wir würden uns freuen« und so weiter. »Mit freundlichen Grüßen …«

Thimo hat mir über die Schulter gesehen und mitgelesen. »Mach mal die zweite Mail auf! Was er da will.«

Sie kommt von einer privaten Adresse und beginnt mit »Hallo«. Er schreibt, wenn wir grundsätzlich interessiert seien, könnte er zu dem Kostenvoranschlag noch einen

Vorschlag machen, am besten persönlich, und wir sollten uns doch zwecks Terminabsprache melden. »Viele Grüße« sendet er.

»Ruf ihn an«, sagt Thimo, »und frag, ob er heute Abend vorbeikommen will. Meinetwegen zum Essen.«

»Du kannst es gar nicht erwarten, seinen Arsch vor die Flinte zu kriegen, was? Meiner genügt dir wohl nicht!«

»Du musst grad tönen! Wer hatte denn heute früh einen Ständer, weil er morgen ficken darf? Und deinen Arsch nehm ich mir jetzt!« Ich trage eine Hose mit Gummizug im Bund, Thimo fasst von oben hinein, seine Hände sind schon an meinem besten Stück, und als ich protestierend aufstehe, nutzt er das, um mir gleich alles runterzuziehen, und so stehe ich plötzlich unten ohne da.

»Thimo, hör auf! Es kann jederzeit ein Kunde kommen!«

»Das sehen wir doch.« Er wirft einen Blick aus dem Fenster. »Keiner da.« Nun nestelt er an sich selbst herum, bis auch seine Hosen an den Knöcheln hängen, dann drückt er meinen Oberkörper runter auf die Tischplatte, langt in den Butter, der vom Frühstück noch da steht, schmiert mich damit ein und bohrt mit einem Finger schon mal vor. Von hinten durch meine Beine ein prüfender Griff an mein Gemächt, zufriedenes Brummen, als er einen Halbsteifen erwischt, und schon steckt er in mir.

»Thimo, hör auf, wenn jemand kommt … aaah …«

»Es kommt keiner … aber du sollst dich nicht beklagen, von wegen dein Arsch käme zu kurz, nur weil ich ab und zu einen anderen will!«

Er fasst mir um den Bauch an den Schwanz, inzwischen

ein harter Ständer, und nun hobelt und wichst er mir die Soße raus, bis ich den Küchenboden vollsaue und er in mir seinen Kleister loswird.

»Thimo, du bist…«

Er unterbricht mich. »Es kommt jemand. Ich geh raus. Ruf Kilian an!« Er ordnet seine Klamotten und verschwindet.

Das Gespräch mit Kilian ist kurz, weil er gerade irgendwo unterwegs und die Verbindung schlecht ist, aber er wird zu uns kommen.

Thimo bespricht sich auf dem Hof mit dem Kunden, notiert was, sie scheinen sich einig zu werden, allerdings nimmt der Kunde, soweit ich es sehe, nichts mit.

»Kilian kommt um halb sieben«, berichte ich, als Thimo wieder reinkommt. »Was wollte der Mann?«

»Hat einen Kranz bestellt. Warte mal.« Er blättert in unserer Tageszeitung zu den Todesanzeigen, und da sind gleich mehrere für eine Person. Der Name sagt mir nichts, aber der Verstorbene war mal Bürgermeister und im Kreistag, in etlichen Vereinen und, und, und. Ein hohes Tier, für hiesige Verhältnisse. Nächsten Samstag ist die Beerdigung.

Im Laufe des Tages kommen noch telefonische und persönliche Bestellungen für insgesamt siebzehn Kränze, Bouquets und Schalen. Viel Arbeit, aber in so einem Fall ist es wie bei Hochzeiten: Die Leute schauen nicht so aufs Geld, und keiner will sich lumpen lassen.

»Wenn er uns noch ein bisschen entgegenkommt, machen wir das mit Kilians Möbeln«, sagt Thimo, als wir mit den Vorbereitungen fürs Abendessen anfangen. »Oder? An dieser Beerdigung werden wir an die 1.000 Euro verdienen. Und bei den Oldies wahrscheinlich künftig auch was. Einverstanden?«

Kilian kommt pünktlich, er bringt zwei Flaschen guten Wein mit. »Eine für die Einladung zum Essen, eine in der Hoffnung auf einen Auftrag«, meint er. »Wollen wir vielleicht erst das Geschäftliche erledigen?«

Der Auflauf im Ofen braucht noch mindestens eine halbe Stunde, also ist Zeit dafür.

»Gut«, legt Kilian los, »an den Preisen für das Material ist nichts zu machen. Das beziehen wir von unseren Lieferanten, müssen es bezahlen, bearbeiten und auch noch was daran verdienen. Aber«, fährt er fort, »wir sind gut ausgelastet, demnächst ist Urlaubszeit, und meine Leute sitzen nicht untätig rum. Deshalb ein Vorschlag: Wenn ihr handwerklich einigermaßen geschickt seid, könnten wir es so machen, dass wir euch, ganz offiziell mit Rechnung, nur das zurechtgeschnittene Material liefern und ihr den Aufbau selbst übernehmt. Dann wären wir bei 3.800. Was meint ihr?«

»Kannst du auf die Rechnung dann noch ›Büromöbel‹ schreiben?«

Kilian schüttelt den Kopf. »Nein. Das ist mir zu heiß. Ich kann etwas Neutrales schreiben, etwa ›Regalsystem‹ oder so, und dann will ich nicht wissen, was ihr damit macht.«

»Auch recht. Und wir haben nicht nur linke Daumen. Komm mit, ich zeig dir was!« Thimo führt Kilian in den Keller, zu seinem Prügel- und Fickbock. Mit durchaus berechtigtem Stolz verkündet er: »Selbst gebaut!« und führt die Mechanik der schwenkbaren Bretter für die Beine vor.

Kilian ist beeindruckt, aber ehe nun hier was passiert, muss ich an das Essen erinnern, bevor es verbrennt.

»Ihr kriegt das auch selbst hin mit der Montage«, meint Kilian. »Was haltet ihr von meinem Vorschlag?«

»Wir sind einverstanden. Schick uns ein Angebot nur mit dem Material, dann bestellen wir. Prost, Kilian!« Thimo hebt sein Glas.

»Prost! Freut mich! Die Schreinerei Obermaier bedankt sich für den Auftrag!«

Wir haben gegessen, sind satt, Thimo streicht sich zufrieden über den Bauch. »Wann werdet ihr liefern?«, will er wissen. »Und was machen wir, wenn wir doch mit irgendwas nicht zurechtkommen?«

»Drei bis vier Wochen wird es schon dauern. Und wenn es gewünscht wird und terminlich passt, kann ich beim Aufbau unterstützen. Kundendienst.«

»Es wird gewünscht ... Was bietet euer Kundendienst denn noch?« Thimo ist in seinem Element.

»Was Schreiner so machen. Hobeln, bohren, nageln, hämmern ... Wir bemühen uns, auf die Wünsche unserer Kunden einzugehen.« Da haben sich zwei gefunden.

»Klingt interessant. Und wenn ein Kunde selbst Hand anlegen möchte, oder hobeln, bohren, nageln, hämmern ...?«

»Die Schreinerei Obermaier ist da flexibel. Der Kunde ist König.«

Flexibel, ja. Wir merken es, als wir zu dritt in unserem großen Bett liegen. Kilian lutscht zunächst unsere beiden Schwänze, er ist ein geübter Bläser, keine Frage, und als danach ich an seinem Kolben nuckle, kriegt Thimo wieder glasige Augen.

»Unser altes Bett hatte bloß eine Matratze«, erklärt er. »Jetzt kann man hier mehr machen. Carsten, zeig's ihm!«

Ich weiß, worauf es hinauslaufen soll, und mache mit. Stopfe eine Unterhose in den Spalt zwischen den Matratzen. Lege mich auf den Bauch, bohre meinen Ständer in die Ritze. Mache die Beine breit. Vögle das Bett.

»Vorschlag«, sagt Thimo zu Kilian. »Du fickst ihn und ich dich!«

»Vorschlag angenommen.« Kilian ist bereits hinter mir, knetet meine Pobacken, spreizt sie, es wird nass in meiner Kimme, Finger verteilen Spucke, doch es sind nicht nur Finger, da sind auch Lippen, eine Zunge, Kilian leckt mir den Arsch, saugeil, dieser Schreiner ist tatsächlich sehr flexibel …

Ich höre auf, das Bett zu bumsen, genieße Kilians Behandlung, Thimo hält mir seine Latte vor die Nase, ich speichle sie ein und hätte nichts dagegen, einfach so liegen zu bleiben. Doch Thimo reicht Kilian die Gelflasche. »Hier. Fick ihn!«

Glitschig wird es in meiner Spalte. Ein Finger an meinem Eingang. In meinem Eingang. Zwei Finger. Sie werden ersetzt durch einen harten Pflock, auch Kilian hat ein Meisterstück zwischen seinen Beinen, und damit bearbeitet er nun mein hinteres Loch, während im vorderen immer noch Thimos Kolben steckt.

Ehe der nach hinten rücken und sich den Schreinerarsch vornehmen kann, wird Kilian plötzlich hektisch und laut, »Mir kommt's gleich!«, presst er hervor, völlig unkoordiniert stochert er nun in meinem Loch, rammelt wild drauflos, mit jedem »Jaaa!« pumpt er mir eine Portion Soße rein.

An Thimos Rohr im Maul habe ich zwar gemerkt, dass es ihn anmacht, wie mich ein anderer durchzieht, aber trotzdem ist er, genau wie ich, noch nicht abschussbereit. Kilian ist einfach zu schnell.

Das ist ihm auch bewusst. »Entschuldigt … ich … nur eine kurze Pause … geht gleich wieder …« Sein Kopf fällt auf meine Schultern, heißer Atem auf meinem Rücken, und Thimo beginnt wieder, sachte mein Maul zu ficken, er wird hart bleiben wollen in der Hoffnung, dass es wirklich gleich weitergehen kann.

Kilians Schwanz in mir ist geschrumpft, aber wenn er sich nicht viel bewegt, wird er nicht rausflutschen. Ich konzentriere mich darauf, den Schwanz vor mir hart zu halten, während Kilians Atem langsam ruhiger wird und ich versuche, seinen Riemen durch Zukneifen meines Lochs auferstehen zu lassen.

Ob es daran liegt, weiß ich nicht, aber es dauert wirklich nicht lang, bis Kilian sagt: »Es geht wieder. Wir können weitermachen« und: »Fick mich!« zu Thimo.

Der lässt sich das nicht zweimal sagen, ist sofort weg, ich habe nur noch ein Kissen vor mir, sehe nichts, merke trotzdem, dass Thimo schon an Kilians Loch zugange sein muss, denn dessen Schlaffer in mir reagiert sofort und gewinnt wieder an Volumen. Thimo stützt sich auf der

Matratze ab, und er muss bereits bei Kilian eingefädelt haben, denn nun spüre ich mächtig Druck an meinem Arsch. Thimo kniet auf meinen Unterschenkeln und bohrt, nagelt, hämmert diesen Schreiner, der gar nichts macht, außer seinen Schwanz in mir weiter anschwellen zu lassen und Thimos Bockstöße mit unverminderter Kraft in mein Loch zu übertragen. Es ist wirklich fast, als ob Thimo mich gleich mit durchziehen würde, zumal sein Gestöhne viel lauter ist als Kilian, der nur wimmert: »Fick mich, fick mich, fick mich …«

Und Thimo fickt, nicht schnell, denn er wird dieses fremde Loch auskosten wollen, doch hart und fest. Allmählich steigert er sich in die Nummer hinein, so wie neulich, als er wie ein Wilder in mir zugange war, ich weiß, was Kilian jetzt aushalten muss. Und da dessen Schwanz gefühlt inzwischen noch größer ist als vorhin, kriege auch ich von Thimos Wüten ordentlich was ab.

Gleich wird er kommen, ich höre es, es kündigt sich an, mit einem lauten Keuchen hat er seinen Abgang, füllt er das Loch des Schreiners.

Kilian hält den Atem an, als er hinten abgefüllt wird, wartet, bis Thimo sich vollständig ausgespritzt hat, »Bleib … bleib drin!«, stammelt er und beginnt, mich zu vögeln. Viel bewegen kann er sich nicht, doch es reicht, um mein Loch zu reizen, Kilians Schwanz badet nun in mir in seiner eigenen Soße, er ist so ein Schwein …

»Gleich«, stöhnt er, »gleich!«

»Ja! Komm!«, fordere ich ihn auf. »Komm! Spritz ab!«

Der Hammer in mir beginnt zu spucken, da ist es auch bei mir so weit, ich kann nicht mehr, ich beiße mir in die

Hand, sonst würde man meine Schreie bis auf die Straße hören, während mein Kolben spuckt und spuckt und ich zugleich hinten erneut abgefüllt werde.

Und dann rollt Thimo rechts und Kilian links von mir runter.

8. Badetag

Irgendwann wollte Kilian heim. »Ihr könnt den Kundendienst bei Bedarf jederzeit wieder anfordern.«

Thimo hat sich aufgerafft und Kilian rausgelassen, ich bin einfach liegen geblieben. Als er zurückkommt, drückt er sich an mich. »War's geil?«

»Mhm. Es war wirklich fast so, als hättest du mich gebumst. Weil ich dich gehört habe.«

Eine Hand wandert über meinen Hintern. Als sie ihr Ziel erreicht hat, erkundet ein Finger meine hintere Öffnung. Zugleich drückt ein Fleischkolben gegen meine Hüfte, und der Finger tastet sich vor in mein Inneres. »So geil geschmiert hier drin!«

Und dann ist es mit Thimos Selbstbeherrschung vorbei, er liegt schon auf mir, steckt schon in mir, ich lasse ihn machen, er tobt sich in mir aus, fast genauso schnell wie Kilian beim ersten Mal ist er fertig … es muss ihn saumäßig anmachen, dass mich ein anderer rangenommen hat.

Und gleich darauf pennt er, noch auf mir liegend, ein.

Ich krieche unter ihm hervor, doch in seinem Halbschlaf registriert er das gar nicht richtig.

Am nächsten Morgen ist er ein wenig verlegen, was bei ihm äußerst selten vorkommt.

»Ich bin gestern noch über dich hergefallen, oder? Bist du auch gekommen? Entschuldige, ich … ich war danach sofort weg. Ich … hattest du auch was davon?«

»Nein. Du warst viel zu schnell. Und ich zu müde. Aber ich hab gemerkt, wie heiß du bist, da hab ich mir gedacht, lass ihm seinen Spaß.«

Er ist ehrlich betroffen. »Carsten, so will ich es nicht! Du sollst auch Lust haben, wenn wir was machen.« Ein fast schon scheuer Kuss. »Hab ich dir wehgetan?«

»Nein. Und wenn ich überhaupt nicht gewollt hätte, wärst nicht mal du reingekommen.«

»Trotzdem, entschuldige … kann ich was für dich tun?«

»Ja. Mach Frühstück, ich habe Hunger!«

Conny und Georg wollen einen Kuchen und Grillwürste mitbringen, und wir machen mittags schon Salat und kochen Kaffee, um nachher, wenn er kalt ist, noch eine Kugel Vanilleeis reinschmeißen zu können.

Als sie da sind, setzen wir uns zusammen. Auch im Schatten ist es so heiß, dass wir uns alle obenrum schon mal frei machen, und nach der Kaffeepause ist unser Besuch sofort einverstanden, als wir ihnen unseren Pool zeigen und vorschlagen, da reinzusteigen. Das Becken ist nicht mehr ganz voll, aber bis zum Bauch wird uns das Wasser reichen, und wenn wir zu viert drin sitzen, steigt der Wasserspiegel ja auch noch.

Conny wackelt mit dem Arsch, als er sich die Hosen auszieht, worauf Georg ihm sofort ein paar überzieht. »Du sollst dich anständig benehmen!« Zu uns sagt er: »Er ist kaum noch zu bremsen« und zu Conny: »Hock dich rein, kühl deinen Arsch und sieh zu, dass sich dein Schwanz abregt!«

Ich gucke noch zu, wie Georg blankzieht, dann verschwinde ich kurz, hole Handtücher, und als ich zurückkomme, hat Thimo einen Klapptisch neben das Becken gestellt, dazu Wasser und Gläser, und die drei hocken bereits im Wasser. Der Platz Thimo gegenüber ist noch frei, da setze ich mich hin, neben Conny. Die Wassertemperatur ist angenehm, aber das Becken für vier Leute ein wenig klein, man kommt sich zwangsläufig mit den Füßen gegenseitig ins Gehege.

Unser Gespräch schläft ein, mit einem Handtuch im Nacken kann man den Kopf auf der Brüstung des Beckens ablegen, wegdösen …

Ich komme wieder zu mir, als sich Finger an meinem kleinen Freund zu schaffen machen. Conny zwinkert mir zu, natürlich ist es seine Hand, die da rumfummelt. Mit einem Kopfnicken deutet er zu unseren Gegenübern, die ebenfalls weggetreten zu sein scheinen. Nun arbeiten sich Connys Füße zwischen den Beinen der beiden nach oben, bis seine Zehen die Klötensäcke erreicht haben und dort ihr Spiel beginnen. Natürlich werden Thimo und Georg wach, aber nachdem sie gesehen haben, was da abgeht, machen sie nur die Beine noch breiter, damit Conny besser rankommt. Georg hat recht, der ist wirklich eine Sau. Er ist jetzt an drei fremden und seinem eigenen Gehänge zugange.

Thimo lässt sich davon anmachen, sein Fuß beginnt sein

Werk an meinen Klunkern, und zusammen mit Connys Rubbelei lässt das im Nu das Blut in meinen Schaft strömen. Conny holt tief Luft, hält den Atem an, und unter Wasser schließen sich Lippen um mein Rohr, leckt eine Zunge meinen Schwanzkopf. Kurz Luft holen, untertauchen, der Mund bearbeitet mich, und ich werde immer geiler, je öfter mir Conny diese Unterwassermassage angedeihen lässt.

Irgendwann will auch Georg in diesen Genuss kommen und zwingt Conny, seinen Kolben zu schlucken, danach Thimo, doch in diesem Becken hier ist das auf Dauer unbequem, und so setzen wir drei Meister uns auf den Rand des Beckens, wie die Hühner auf der Stange hocken wir da, und vor uns im Wasser kniet Conny und wichst und bläst drei Latten. Georg packt Connys Kopf, krallt sich an seinen Haaren fest, schnelle, kurze Stöße aus der Hüfte, dann samt er laut röhrend in Connys Maul ab.

Ich mache mich bereit für meinen Abgang in denselben Schlund, doch Scheiße, da hat sich irgendwas gerührt – ein Blick zur Seite, und dann sehe ich Kevin, der entgeistert zu uns starrt und sofort wieder um die Ecke verschwindet.

»Kevin, warte!«, rufe ich ihm hinterher, schwinge mich aus dem Becken, wickle schnell ein Handtuch um die Hüften und renne ihm nach. Er will schon auf sein Rad steigen, als ich ihn noch erwische.

»Kevin, warte. Was gibt's?« Mein Aufzug ist peinlich, vorne steht das Handtuch ab, meine Erektion lässt erst langsam nach.

»Chef, entschuldige, ich hab nicht gewusst, dass ihr Besuch habt, aber es hat keiner aufgemacht, und dann hab ich was gehört und dachte, vielleicht seid ihr im Pool. Also bin ich ums Haus, aber ich wollte nicht …« Er wird rot und weiß nicht mehr weiter.

»Schon gut, nicht dein Fehler. Komm mit!« Trotz seines Sträubens bugsiere ich ihn zurück, ignoriere sein »Ich will nicht«.

Zum Glück haben sich die anderen ins Wasser gesetzt, nun ist die Situation etwas unverfänglicher, als Kevin und ich wieder dazustoßen. Er stottert ein scheues »Hallo«, während ich mich auf den Beckenrand setze.

»Das ist Kevin«, erkläre ich dann, »demnächst unser Azubi. Kevin, das sind Georg und Conny. Wenn du erst hier arbeitest, wirst du sie noch öfter sehen.«

Kevin nickt. »Hallo. Entschuldigung, ich wollte nicht stören.« Er bleibt ein paar Schritte abseits stehen.

»Du musst dich nicht entschuldigen«, sagt Thimo. »Können wir was für dich tun? Willst du auch hier rein? Wenn wir zusammenrücken …«

Kevin schüttelt den Kopf. »Nein. Ich … ich wollte nur schon mal fragen, ob ich vielleicht in den Sommerferien wieder bei euch jobben kann. Weil ich ja danach erst mal nicht so viel verdiene und …«

»Wir wissen schon, Kevin«, unterbreche ich ihn. »Aber das machen wir nicht. Das sind deine letzten Ferien. Genieß die Zeit! Geh mit Marco ins Freibad oder macht sonst was zusammen. Arbeiten kannst du danach noch genug.«

Später wird er mich vielleicht verstehen, im Moment kann er seine Enttäuschung nicht verbergen. »Also nicht …«

»Nein. Aber ich weiß was anderes: Wir haben nächste Woche viel Arbeit wegen einer Beerdigung. Dabei kannst du helfen. Komm Dienstagnachmittag, aber nur wenn du's mit der Schule einrichten kannst, okay?«

Seine Gesichtszüge hellen sich ein wenig auf. »Ja, okay. Ich komme. Danke. Bis dann.« Mit einem etwas unbeholfenen Winken verschwindet er.

»Scheiße«, sagt Thimo. »Das hätte nicht sein müssen. Was wird er sich jetzt denken?«

»Wenn ihr allein gewesen wärt, wäre er zu euch ins Becken gekommen. Wegen uns hat er sich nicht getraut«, stellt Conny fest.

»Kann sein. Uns gegenüber taut er allmählich auf. Bei Fremden ist er vorsichtig.« Ich steige wieder ins Bad, wir erzählen ein wenig von Kevins Geschichte und wieso wir ihn als Lehrling nehmen. Die Sache mit der Blumenkasse – und was er als Strafe wollte – lassen wir natürlich weg.

»Ich bin ganz zuversichtlich, was ihn betrifft«, sagt Thimo noch, und damit beenden wir für heute das Thema Kevin.

Wir waren nun auch lang genug im Wasser und legen uns draußen noch in die Sonne, oben und unten ohne, aber erst, nachdem ich unser Tor zur Straße abgesperrt habe.

Später richten wir, nun mit Hose, das Grillzeug her, und Georg meint, er könne das Anheizen übernehmen, das würde ja etwas dauern.

»Wollt ihr ihn euch nicht inzwischen schon mal vornehmen? Ihr seid vorhin ja nicht zum Zug gekommen. Hast du Lust, Conny?«

»Ja, Georg.« Conny zieht sich die Hose runter, wackelt mit dem Arsch.

Thimo ist nicht überzeugt. »Sooo lang dauert das Anheizen auch nicht. Und bis wir beide mit ihm fertig sind …«

Conny kniet sich hin. »Ich habe schließlich zwei Löcher. Und du bist doch sonst auch recht fix.«

Das war eine auf Thimo gemünzte Frechheit, weil der einmal tatsächlich sehr schnell gekommen ist, als er Conny durchorgelte.

»Du brauchst dir das nicht bieten zu lassen!«, sagt Georg zu Thimo. »Überleg dir was.«

Thimo muss nicht lang nachdenken. Er stellt sich umgekehrt breitbeinig über Conny, klemmt ihn mit den Schenkeln fest ein, und dann beginnt ein Feuerwerk auf Connys Arsch. Thimo langt mit seinen Pranken ordentlich zu … es muss ganz schön brennen.

Kein Mucks von Conny, er hält still, doch als ich, nachdem Thimo aufgehört und mich aufgefordert hat, diesen knallroten Arsch zu ficken, zwischen dessen Beinen hindurchfasse, erwische ich einen richtig harten Kolben. Conny hat die Arschversohlung mächtig aufgegeilt. Und mich das Zuschauen auch.

Ich knie mich hinter ihn, klemme mir den Gummizug meiner Hose unter die Eier, Gel gibt es jetzt nicht, Spucke muss genügen, ein paar ordentliche Batzen in die glühende Kimme, und dann ist das Loch dran. Meinen Schwanz umfängt eine heiße, feuchte Höhle, und jetzt, als er gestopft wird, stöhnt Conny auf, eindeutig geil, er will seinen brennenden Hintern gefüllt haben.

Thimo bleibt nicht untätig, er hat Connys vordere Öffnung übernommen, füllt diese mit seiner Samenspritze, und Georg guckt zu, wedelt mit einem Stück Pappe den glühenden Holzkohlen Luft zu und kratzt sich zwischendurch am Sack.

Thimo und ich haben uns mit Blicken abgestimmt, zugleich holen wir Schwung und rammen unsere Kanonen in Connys Löcher. Saugeil, meinen Schwanz mal wieder in eine Männermöse zu schieben, begleitet von Kommentaren aus dem Hintergrund.

»Gebt's ihm ruhig, der verträgt das. Ich lege jetzt die Würste drauf«, sagt Georg.

Wir legen einen Zahn zu, Thimo samt lautstark ab, und so ein Arsch ist doch ganz was anderes als zwei Matratzen – der Saft steigt in mir hoch, ich komme aus dem Takt, will nur noch meine Eier leeren, und jetzt, ja, wie bei einem lange zurückgehaltenen Pissen lasse ich meine Soße in dieses Arschloch strömen … Puh!

»Du darfst auch, Conny!«

»Ja, Georg.«

Ich warte mit dem Rausziehen, bis er sich einen abgerubbelt hat.

Wir lassen uns die Grillwürste schmecken. Conny wollte ein Kissen, um nicht direkt auf der harten Bierbank sitzen zu müssen. Nach dem Essen lehnt er sich an Georg, der legt einen Arm um ihn. »Tut der Hintern weh, mein Kleiner? Willst du später noch mal?«

»Ja, Georg.«

»Gut.« Ein Blick zu uns. »Ihr auch?«

»Ja, Georg.«

Wir genehmigen uns ein Bier, reden über Gott und die Welt, nach einiger Zeit verschwindet Conny. »Ich geh mich noch mal abkühlen«, sagt er, und da er nicht wieder auftaucht, sehen wir nach einer Weile nach, was er so treibt.

Er hockt im Pool, empfängt uns mit »Da seid ihr ja endlich! Hab schon gedacht, ich muss mir selbst einen runterholen!«, steht auf, zeigt uns seinen Ständer.

Georg stöhnt theatralisch. »Er braucht eine Auffrischung!« Spricht's, zieht Conny an der Latte zum Rand des Beckens, beugt ihn darüber, klemmt sich seinen Oberkörper unter einen Arm und vermöbelt mit der anderen Hand seinen Hintern. Deutlich intensiver als Thimo.

»Genug, Conny?«

»Ja, Georg.«

»Bleib so stehen!« Georg lässt Conny los, zieht sich aus, steigt ins Becken, schmiert seinen Steifen mit Spucke ein, schiebt ihn Conny bis zum Anschlag rein und beginnt sofort zu ficken. Nun wird Conny das erste Mal laut, Schmerz oder Lust, ich weiß es nicht, vielleicht beides, er muss ja gewusst haben, was ihn erwartet. Wie auch immer, er wendet sich uns zu, reißt den Mund auf, streckt die Zunge raus, und wir schieben ihm abwechselnd unsere Schwänze rein und lassen uns bedienen.

»Ihr braucht ihm nicht ins Maul zu spritzen«, stöhnt Georg. »Ich hab's gleich. Dann könnt ihr den Arsch dieser Sau … aaahh.« Er kommt, entlädt sich, füllt Conny ab.

»Jetzt du!«, stupse ich Thimo an, mit einem Hintergedanken. Er lässt sich nicht zweimal bitten, Hose runter, rein ins Becken, rein in die Kiste. Georg hat sich schnaubend im Wasser hingesetzt, und ich gehe rund ums Becken, um mir von hinten anzusehen, wie Thimo fickt, die Gelegenheit will ich mir nicht entgehen lassen. Sein ganzer Körper arbeitet, wenn er ausholt und dann so in Connys Loch stößt, dass es den fast vornüberwirft. Ich kann mich kaum beherrschen – leider wird sich Thimo nicht vögeln lassen, aber ich schlüpfe schnell aus meiner Hose, stelle mich direkt hinter ihn, mein Steifer schubbert zumindest in seiner Ritze …

Er lässt sich davon anmachen, bald hat Conny eine zweite Portion Sahne intus, und sein Loch steht mir zur Verfügung. Das Sperma tropft schon heraus, es braucht keinerlei Schmiermittel, und dieses geile Ferkel vor mir drückt immer noch den Rücken durch, reckt den Arsch raus, der hat noch nicht genug, will immer noch bestiegen werden. Also geb ich's ihm, mein Schwanz tobt sich aus, nicht nur der Hintern, auch das Loch muss ihm brennen, meine Kanone badet im Sperma der anderen, gleich kriegt er meines noch dazu, jetzt, ja, jetzt, ich presse mich an seinen Arsch, lasse locker, es kommt, strömt aus mir raus und in ihn rein, wow … Ich stoße noch ein paarmal nach, doch es kommt nichts mehr, ich bin restlos leer.

Conny kneift sein Loch zusammen, bearbeitet sich selbst mit der Hand, bald schwimmt seine Sahne im Wasser, und dann hocken wir wieder alle im Pool, jeder in einer Ecke, die Beine verknotet in der Mitte.

9. Der große Tag

Thimo, du hattest recht«, sage ich, als wir alleine sind und aufräumen. »Conny hatte heute die Regie. Es ist so gelaufen, wie er es wollte.«

»Und wie fandest du's?«

»Geil. Am Schluss, als du ihn gebumst hast, da hätte ich gern dich ...«

»Ich weiß schon, dass du das möchtest. Aber ich ... ich kann das einfach nicht. Bitte versteh. Dafür kriegst du zwischendurch jemand wie Conny. Damit du dich abreagieren kannst.«

Abreagiert haben wir uns heute beide, es braucht vor dem Einschlafen keinen Gute-Nacht-Sex mehr. Nur Kuscheln. Dass Thimo mich nicht ranlassen wird, war mir klar. Aber ich werde ihn trotzdem in drei Tagen heiraten. Weil ich ihn liebe.

Da es immer noch nicht geregnet hat, macht heute Thimo die Runde zu den Friedhöfen und den Senioren. Wir hatten letzte Woche noch darum gebeten, in dem Heim bekannt zu machen, dass wir heute Vormittag Blumen verkaufen würden, und dementsprechend laden wir

Schnittblumen und Topfpflanzen in unseren Lieferwagen, mit dem Thimo losfährt.

Während er unterwegs ist, kommen weitere Bestellungen für die Beisetzung am Samstag. Der Verstorbene war Mitglied im Sportverein, Gesangsverein, Heimatverein, bei der freiwilligen Feuerwehr, im Vorstand der Sparkasse, Bauernverband und, und, und.

Thimo hat gute Geschäfte gemacht und gleich vereinbart, dass wir künftig immer montags im Heim Blumen verkaufen werden. Und er hat beim Juwelier unsere Ringe geholt.

Abends rufe ich Robert an, um herauszufinden, wie sich Kevin so in der Schule macht und ob er diese Woche lieber lernen sollte oder wirklich Zeit für uns hat.

»Er strengt sich an. Morgen schreiben wir noch eine Arbeit in Mathe. Dann kann er schon zu euch kommen. Nächste Woche wird noch mal interessant, dann ist Notenschluss.«

»Können wir ihm irgendwie helfen?«

Robert zögert. »Erzählt ihm einfach, was ihn in seinem Beruf erwartet. Aber dieses Gespräch bleibt unter uns.«

»Natürlich. Danke.«

Noch zwei Tage.

Thimo ist unterwegs, als Kevin eintrudelt. Ich zeige und nenne ihm die Pflanzen, die für Blumenschalen infrage kommen.

»Du musst aufpassen, dass am Ende nicht alle gleich aussehen und es farblich zusammenpasst. Such mal aus, was du meinst, und dann zeig's mir.«

»Ja, Chef.«

Ich lasse ihn machen, frage nach der Schule, er erzählt von sich aus von der Matheprüfung, scheint zufrieden, und als er mir seine Pflanzenauswahl zeigt, bin ich es auch. Die Farben, die er zusammengestellt hat, passen, und Abwechslung hat er auch reingebracht.

»Hast du gut gemacht.«

»Ja?« Er strahlt richtig. »Echt?«

»Ja, echt. Jetzt pflanzen wir das ein. Holst du uns vorher noch was zu trinken? Du weißt doch, wo in der Küche Gläser sind. Getränke sind im Keller, zweite Tür links.«

Er kommt mit einer Flasche Wasser und zwei Gläsern zurück. »Chef, Entschuldigung, aber ich hab mich in der Tür vertan, ich war rechts statt links, und … was da steht, was ist das?«

Das ist Thimos Fick- und Prügelbock. Und wie sage ich das jetzt Kevin?

»Kevin, du weißt es doch. Oder denkst dir zumindest was, nicht wahr? Und das ist es.«

»Also einer kann sich da drauflegen und …«

»Ja. Je nachdem, was man machen möchte. Und jetzt arbeiten wir wieder, komm.« Ich zeige ihm, wie das mit dem Einpflanzen am besten geht, und danach das Beschriften von Schleifen: »Letzter Gruß …«

»Kevin, wir sind morgen Nachmittag nicht da. Aber du kannst, wenn du Zeit hast, mit den Schleifen weitermachen. Ich lege dir eine Liste hin, welche Farbe, wie lang, welcher Text, willst du?«

»Ja, mach ich. Aber wie komm ich rein? Wann kommt ihr wieder?«

»Du kriegst einen Schlüssel fürs Gartentor. Die Werkstatt hier lassen wir offen, und den Anbau, falls du aufs Klo musst. Wann wir zurückkommen, weiß ich nicht. Wir heiraten morgen. Und jetzt machen wir Schluss für heute.« Ich gebe ihm für drei Stunden 30 Euro und den Torschlüssel.

»Ja, Chef. Danke. Ich komme morgen. Und alles Gute!«

Noch ein Tag.

Vormittags arbeiten wir ganz normal. Dann machen wir uns halbwegs fein und brechen auf zum Standesamt. Als Thimo »Ja« sagt, kriege ich feuchte Augen. Und als wir uns nach meinem »Ja« umarmen, heule ich fast.

Wir brauchen niemanden, der jetzt dabei ist, es ist unser Tag. Wir bummeln durch die Stadt, kaufen ein paar Kleinigkeiten, gehen schön essen, kommen spät nach Hause.

In der Werkstatt brennt noch Licht, das ist komisch, und so sehen wir nach. Auf der Werkbank steht eine Flasche Sekt mit einer Schleife drum, eine Karte mit einem kitschigen Motiv – zwei schnäbelnde Täubchen – lehnt daran. Auf der Rückseite steht, etwas krakelig:

Lieber Thimo, lieber Carsten, ich wünsche Euch alles Gute zur Hochzeit!

Euer Kevin

Sogar Thimos Augen glänzen jetzt. »Unser Kevin ...«, murmelt er. »Die trinken wir morgen mit ihm. Und jetzt komm! Ich hab noch was für dich!«

»Wir wollten uns doch nichts schenken! Ich hab wirklich nichts ...«

»Es genügt, wenn du da bist. Komm!«

Wir haben uns richtigen Champagner kalt gestellt, zu dieser Gelegenheit muss das sein. Auf dem Sofa kuschelnd lassen wir ihn uns schmecken, und als die Flasche leer ist, gehen wir ins Schlafzimmer. Hochzeitsnacht.

Wir beginnen mit den Hemden, knöpfen sie uns gegenseitig auf, pfriemeln sie aus den Hosen, lassen sie achtlos zu Boden fallen. Längst haben sich unsere Lippen gefunden, sind unsere Nippel hart, meine Hände pressen sich an Thimos Arschbacken, während er an meinem Gürtel rumfummelt und, als meine Hose endlich gefallen ist, seine Finger in meine Unterhose wandern lässt, meinen Hintern knetet.

Ich bleibe nicht untätig, und als wir dann unsere Latten in knappen Slips aneinander wetzen, drängt Thimo mich Richtung Bett. Wir lassen uns drauffallen, bald sind wir bis auf schwarze Socken völlig nackt, und erst jetzt lösen wir unsere Zungen voneinander. Thimo dreht sich so, dass ich seinen Riemen fast gezwungenermaßen lecken muss, während er sich an meinem zu schaffen macht. Natürlich haben wir uns schon oft so gegenseitig geblasen, trotzdem ist es heute anders … ich lutsche jetzt den Schwanz von meinem *Ehemann*!

Und nicht nur den Schwanz. Ich lecke seinen Sack, nuckle an seinen Eiern, er macht die Beine breit, ich stecke meinen Kopf dazwischen, meine Zunge wandert weiter, bis zu seinem Loch, beginnt dort ihr Werk, bohrt sich in diese geile, ungefickte Rosette, so weit, wie es geht. Das gefällt ihm, ich weiß es, und es ist nicht zu überhören.

Er dreht mich auf den Rücken, setzt sich auf mein Gesicht, so komme ich noch besser ran. »Heb mal die Beine an!«, verlangt er, klemmt sie sich unter die Arme, und bald liege ich nur noch mit den Schultern auf dem Bett, mein Körper hängt in der Luft, gehalten von Thimos starken Armen.

Spucke tropft in meine Kimme, auf mein Loch, und ich rechne damit, dass gleich seine Finger ich mich eindringen werden. Doch was dann meinen Hintern erkundet, sind keine Finger, das ist – eine Zunge! Das hat Thimo noch nie gemacht! Er leckt mir den Arsch, vorsichtig zwar und ohne die Spitze reinzustecken, doch er speichelt meine Ritze ein, schlabbert über mein Loch, und ich packe ihn an den Oberschenkeln, drücke ihn, seinen Hintern auf mein Gesicht, warum ist meine Zunge nicht länger …

Er lässt mich los, legt sich zu mir, ich will was sagen, doch das unterbindet er mit einem Kuss.

»Das war ein Geschenk«, sagt er dann, »das du schon immer wolltest. Hat's dir gefallen?«

Was für eine Frage! Wie könnte es nicht … »Danke!«

»Ich hab noch was für dich.« Er dreht sich auf den Bauch, macht die Beine breit. »Sei bitte vorsichtig, ja?«

»Thimo, ich, ich …« Mir fällt nichts ein, damit habe ich nicht gerechnet.

»Das hast du dir doch gewünscht. Also mach!«

Ich robbe hinter ihn. Spreize seine Backen. Da liegt es, hell und rosa, zwischen zwei kräftigen, behaarten und eher dunklen Halbkugeln. Das Ziel meiner Begierde, dieses jungfräuliche Loch, in das ich nun rein darf. Als Erster.

Ich beginne wieder mit der Zunge, lecke den Eingang weich, Thimo genießt, stöhnt in sein Kissen, das gefällt ihm natürlich, ausgiebig lecken lässt er sich oft.

Für uns beide ungewohnt wird es, als ich Gel in seine Kimme tropfen lasse. Das Loch mit einem Finger massiere. Ihn langsam, ganz langsam reinstecke. Erst mal nur ein Finger, aber den so weit, wie es geht. Thimo atmet noch tief und gleichmäßig, und ich beginne, ihn mit dem Finger zu ficken. Dann versuche ich es mit zwei Fingern. Er hält kurz die Luft an, doch als die Knöchel drin sind, entspannt er sich wieder, und ich gewöhne seinen Schließmuskel daran, dass da etwas ist, das ihn öffnet, immer aufs Neue. Seine Muffe geht mit, elastisch macht sie auf und zu, und ich setze einen dritten Finger ein. Nun verkrampft er das erste Mal, ich mache Pause, streichle und küsse seinen Hintern, nehme mehr Glitschzeug, probiere es noch mal – erneute Unterbrechung, als drei Fingerkuppen drin sind, und fast in Zeitlupentempo arbeite ich mich vor, bis ich auch damit nicht mehr weiterkomme. Vorsichtig zurück und wieder rein. Es ist heiß und feucht in ihm.

»Thimo, geht's noch?«

Er dreht den Kopf, sodass er mich mit einem Auge sehen kann, nickt. »Probier's jetzt richtig!«

Ich schmiere auch noch meinen Prügel ein. Er ist hart, aber nicht zum Platzen gespannt, ich habe kaum auf mich, sondern nur auf das Loch vor mir geachtet. Ich lege mich auf Thimo. Lasse meinen Riemen durch seine Spalte flutschen. Thimos Rechte tastet danach, hält ihn fest, dirigiert ihn zu seinem Ziel.

»Jetzt!«, sagt er.

Meine Latte spürt, wo sie ist. Ich gebe nur ganz sanften Druck, die Möse unter mir gibt nach, öffnet sich, empfängt mich. Ich halte inne, als mein Schwanzkopf drin ist. Thimo hält die Luft an, er muss sich an dieses Gefühl erst gewöhnen. Und dann presst er selbst seinen Hintern hoch, mein Schwanz dringt in ihn ein, ohne dass ich mich bewege, und als ich ganz drin bin, verharren wir erst mal so.

Ich küsse seinen Nacken, seine Schultern, Ohr, Wange, die Hälfte des Mundes, mehr erwische ich nicht. Dabei bewege ich langsam mein Becken, es ist kein richtiges Ficken, es ist eher wie das Auf und Ab eines einzigen Körpers.

»Thimo, ich … mir kommt's gleich … aaah!« Es schießt aus mir heraus, ich wollte noch nicht, es ist jetzt nicht geiler Sex, der mir diesen Orgasmus gebracht hat, es ist das, was in meinem Kopf abgelaufen ist. Ich – bumse – Thimo. Mein Schwanz in seinem Arsch! In dem noch nie jemand war!

Er lässt mir kurz Zeit, dann drehen wir uns verstöpselt zur Seite, ich spiele mit Thimos Brustwarzen, und er holt sich einen runter, langsam, die Situation auskostend, er reibt sich an mir, bis er sich mit fünf, sechs Strahlen in ein Papiertuch ergießt.

»Thimo, das war das Schönste, was du mir schenken konntest!«

»Dachte ich mir. Ich kenne dich doch!«

10. Bockritt im Keller

Bereits vor acht ruft Robert an: »Guten Morgen! Ich gratuliere zur Hochzeit! Alles Gute!«

»Danke, aber ... ach so, Kevin hat geplaudert ...«

»Ja, aber schimpft nicht mit ihm, er hat es nur gut gemeint. Er wollte unbedingt ein Geschenk für euch und hat mich um Rat gefragt. Ich habe gesagt, dass ihr euch auch über eine Karte freuen würdet, aber er hat nicht lockergelassen. Da habe ich dann den Sekt vorgeschlagen. War doch okay, oder?«

»Ja, sicher. Wir haben uns sehr gefreut über das, was er geschrieben hat, und werden den Sekt heute Abend mit ihm trinken. Wir würden dich schon auch einladen, aber ihr beide trefft euch hier vielleicht besser erst, wenn er nicht mehr in deine Klasse geht, oder?«

»Wäre besser, ja. Er hat übrigens eine Zwei in der Mathearbeit. Und wenn's bei euch passt, komme ich gern mal wieder. Ich spür schon nichts mehr ...«

»Meld dich einfach. Servus, Robert.«

Wir bereiten vor, was wir später für die Kränze und Gestecke brauchen werden, und kontrollieren Kevins Schleifen. Einmal hat er sich verschrieben und das dann korrigiert. Nicht schlimm, aber man sieht es. Müssen wir so drapieren, dass es nicht auffällt.

Nach dem Essen kommt es in der Küche zu einem spontanen Quickie im Stehen, diese Hosen mit Gummibund haben ihre Vorteile …

Früher als erwartet ist Kevin da. »Wir haben Hitzefrei!«

»Kevin, komm her!« Wir drücken ihn beide an uns. »Vielen Dank für dein Geschenk und die Karte. Hat uns sehr, sehr gefreut. Wenn du willst, bleib zum Abendessen, dann trinken wir den Sekt zusammen.«

»Ja, gern!« Er strahlt uns an. »Ich habe wieder eine Zwei in Mathe!«

»Gut, Kevin. Wir wissen es schon. Dein Lehrer hat angerufen, um zu gratulieren.«

»Ach so, ja, der Wolf ist in Ordnung.«

»Ja. Und, Kevin, er ist der Einzige, der von deiner Aktion mit unserer Blumenkasse weiß, weil wir mit ihm natürlich über dich gesprochen haben. Allen anderen sagen wir, du hättest dich mal nach einem Ferienjob erkundigt und bist dann bei uns geblieben. Das kannst du auch so erzählen, wenn einer fragt.«

»Ja … danke … ich mach so was nie wieder … sicher …«

»Wissen wir. Und jetzt komm, ich zeige dir mal, was wir hier so alles haben.« Thimo geht mit ihm los, führt ihn über unser doch recht weitläufiges Gelände. Danach wenden wir uns den Kränzen zu und dem, was eben zwei Tage vorher schon machbar ist, dabei erzählen wir, was wir so alles tun, hoffen, es bleibt was bei ihm hängen.

Wir stoßen mit seinem Sekt auf uns an, reden und lachen über alles Mögliche, Kevin ist richtig gut drauf, bis er nach dem Abendessen unvermittelt mit etwas herausplatzt: »Mein Vater kommt jetzt irgendwann raus. Sie geben ihm ein paar Monate auf Bewährung oder wie das heißt.«

Er hat noch nie viel von seinem Vater erzählt, außer dass der eben wegen Körperverletzung im Knast sitzt.

»Zieht er zu euch? Hat er dir schon mal was getan? Komm zu uns, wenn wir dir helfen können, ja? Versprochen?«

»Ja. Ich werd ihm aus dem Weg gehen. Soweit möglich.« Seine gute Laune ist verflogen, wir kriegen auch nichts mehr aus ihm heraus, und schnell verabschiedet er sich.

»Scheiße! Hoffentlich passiert da nichts!« Thimo schaut auf die Uhr. »Es ist erst acht. Ich rufe Robert an. Vielleicht weiß er mehr.«

»Frag ihn, ob er kommen will. Es klang heute Morgen so.«

Robert wollte kommen, wir haben auch sein Mitbringsel noch entkorkt, damit sitzen wir nun am Küchentisch.

»Ich kenne den Vater persönlich nicht. Es war wohl noch nie etwas so Gravierendes, dass das Jugendamt massiv eingeschritten wäre. Aber sie kennen dort die Familie. Ich spreche mit der zuständigen Betreuerin. Wir müssen hoffen, dass Kevin zu euch oder zu mir so viel Vertrauen hat, dass er wirklich kommt, wenn was ist. Und auf ihn aufpassen, wegen blauer Flecken oder so.«

Wir sehen ein, dass Robert recht hat. Mehr können wir im Moment nicht tun.

»Wie macht er sich denn, wenn er bei euch ist?«, will Robert noch wissen.

»Das passt schon. Aber er hat ein seltenes Talent, in unpassenden Momenten aufzutauchen oder Sachen zu sehen, die er nicht hätte sehen sollen. Letzten Sonntag stand er plötzlich da, als wir zu viert im Wasserbecken waren und uns da … nun ja. Und als er im Keller Getränke holen sollte, hat er die falsche Tür geöffnet und Thimos Fickbock gesehen.«

»Und heute«, ergänzt Thimo, »hat er mich im Stall gefragt, wieso da eine Bank und Hocker stehen und Stroh und ein Wasserschlauch liegen, wenn ich sage, wir nutzen den Raum nicht.«

»Und?«, fragt Robert. »Wieso sind die Sachen da?«

»Möchtest du's genau wissen?«

»Eigentlich würde mich eher der Keller interessieren.«

»Hast du den Tischtennisschläger wieder dabei?«

»Ja.«

»Dann nimm ihn mit. Ich habe da eine Idee …«

Robert springt sofort darauf an, Thimo und er verschwinden Richtung Keller, während ich von oben unseren, also meinen Dildo hole. Als ich runterkomme, ist Robert schon ganz nackt und kniet vor Thimo, der nur seinen Hödel aus der Hose geholt hat und sich blasen lässt. Ich packe auch aus, stelle mich daneben, wir lassen uns beide von diesem Lutschmaul bedienen.

»Darf ich mich auf den Bock legen?«, fragt er mit unterwürfigem Tonfall. Er hat wieder komplett umgeschaltet auf seine Sub-Rolle.

Ich klappe an dem Gestell die Bretter für die Beine nach unten. »So. Auf den Bauch!«

»Ja, natürlich.« Er stellt sich hinter den Bock, legt sich darauf, lässt die Arme herunterbaumeln. Ich gebe Thimo ein Zeichen, mich machen zu lassen, und so sieht er nur zu, wie ich Robert festschnalle, Arme, Beine, Rumpf, bis er sich kaum noch bewegen kann. Zum Schluss verbinde ich ihm noch die Augen. Er sagt nichts, nur bei Kontrollgriffen von hinten durch seine Beine an Sack und Schwanz stöhnt er auf. Er hat einen geilen Body, die Arme könnten ein paar Muskeln mehr vertragen, aber am Arsch gibt es nichts auszusetzen.

Thimo hat sich bis auf Socken und T-Shirt ausgezogen, das mache ich nun auch, und dann halte ich Robert den Dildo vor die Schnauze.

»Schön nass machen, damit er gut in deinen Arsch flutscht!«

Ich halte das Ding an seinem Saugfuß und den Gummiklöten fest, während Robert sich über den Schaft hermacht. Sobald ich das Teil nur ein bisschen wegziehe, schnappt er danach, stöhnt auf, wenn ich es ihm wieder in den Schlund schiebe, bis sich die Eier an sein Kinn pressen.

Thimo wichst, ist hinter Robert getreten, will ihn womöglich ficken, doch ich schüttle den Kopf und winke ihn zu mir. Er runzelt die Stirn, sagt aber nichts und kommt her, stellt sich direkt neben mich, und ich packe Roberts Kopf bei den Haaren, nehme ihm den Dildo weg, und nun wird sein offenes Maul von Thimos Kanone gefüllt. Robert intensiviert sein Saugen und Lecken, so eine echte Fleischwurst ist doch ganz was anderes …

Ich nehme ihn mir jetzt von hinten vor. Sein Loch macht

sofort mit, als ich, mit etwas Vaseline an den Fingern, vorbohre, und so kann ich ihm problemlos den Gummischwanz reinschieben. Willig öffnet sich seine Möse, schluckt das ganze Teil, bis es wegen der künstlichen Eier nicht mehr weitergeht. Ich presse gegen den Saugfuß, noch ein Stückchen bohrt es den Arschkanal auf, Roberts Loch ist bis zum Anschlag gespannt, und nun greife ich mir den Tischtennisschläger.

Als ich damit nur sacht über seinen Po streiche, entlockt das Robert ein lautes »Uuaahh ...«, er spürt natürlich, was das ist, und er wird ahnen, was nun auf ihn zukommt. Ich beginne mit leichten Schlägen auf beide Hinterbacken, treffe dabei, durchaus beabsichtigt, auch mal den Fuß des Dildos, was Robert jedes Mal aufstöhnen lässt. Thimo findet offensichtlich interessant, was ich da mache, er hat Robert bei den Ohren gepackt und verpasst ihm einen derben Maulfick. Ich haue fester zu, Roberts Hintern ist schon ziemlich rosa, lautes Klatschen, wenn der Schläger auf eine Arschbacke trifft, und nun konzentriere ich mich ganz auf den Kunstpimmel, jeder Hieb treibt ihn ein kleines Stückchen weiter rein, Robert wird zugleich versohlt und gefickt ... und eine Maulbesamung kriegt er auch noch, denn Thimo lädt ab, er bockt nicht mehr, sondern presst seinen Kolben in Roberts vorderes Loch, füllt es mit heißem Männersaft.

Ich habe derweil nicht aufgehört, bearbeite weiter den Arsch vor mir, ich habe mich da jetzt hineingesteigert, es ist mir egal, ob Robert morgen sitzen können wird. Als er aufschreit, weiß ich, er beginnt abzuladen, ich schlage zu, solange er kommt, wichse mich dabei, eher unkoordiniert mit links, selbst, und nach einem schnellen Handwechsel und einigen straffen Zügen spritze ich selbst ab, verteile meine Soße auf diesem geilen, glühenden Lehrerarsch.

Wir haben Roberts Fesseln gelöst und ihn von der Augenbinde und dem Gummipimmel befreit, aber er war nicht fähig, sofort aufzustehen. »Lasst mich, ich … ich komme dann rauf wenn ich … wieder kann.«

So haben Thimo und ich uns angezogen und genehmigen uns in der Küche noch ein Bier.

»Du bist ein ganz schön perverses Schwein!«, sagt Thimo. »So eine dreckige Fantasie habe ich dir nicht zugetraut. Dabei dachte ich, ich kenne dich in- und auswendig.«

Ich kann mir ein Grinsen nicht verkneifen.

Robert kommt dazu, er will nur ein Wasser, bleibt stehen, stöhnt.

»Alles in Ordnung?«

»Ja, geht schon. Nur nicht sitzen … Aber das war's wert.«

Wir prosten ihm zu. »Möchtest du eigentlich deine Schüler auch mal überlegen?«

»Bei manchen möchte ich schon, aber nicht aus sexuellen Gründen, sondern weil sie's verdient hätten … nein, ist schon gut, dass das nicht mehr geht.«

»Unterrichtest du auch Sport? Mit Aufsicht beim Duschen oder so?«

»Um Gottes willen, nein! Ich leite nur eine Neigungsgruppe für Tischtennis.«

»Ach, deshalb der Schläger …«

»So ein bisschen, ja. Wobei ich wirklich auf keinen von den Schülern stehe. Zu jung. Manchmal sind bei anderen

Mannschaften, gegen die wir antreten, Betreuer oder Trainer dabei, bei denen ich meine Fantasie spielen lasse, aber das heute hat meine Fantasien noch übertroffen.« Er ist ein bisschen verlegen. »Weit!«

»Also wenn du daheim bist, wirst du …«

»Vielleicht werde ich, ja. Wenn ich nur schon daheim wäre!« Er fasst sich vorsichtig hinten dran. »Im Auto muss ich mich hinsetzen.«

»Du hast gesagt, das war's wert.«

»Ja, war's auch. Ich fahre jetzt. Wenn ich die Frau vom Jugendamt erreicht habe, melde ich mich. Ihr euch bitte auch, wenn was mit Kevin ist. Er ist einfach ein armer Kerl. Gute Nacht!«

»Wie hast du eigentlich Kevin die Sachen im Schweinestall erklärt? Damit ich dasselbe sage, falls er noch mal fragen sollte«, will ich später wissen.

»Wir hätten mal Besuch gehabt von jemandem mit einem Hund, der da im Stroh geschlafen hat. Also, der Hund natürlich.«

»Aha. Und der Schlauch?«

»Danach hat er nicht mehr gefragt. Aber meine Güte, es war eben Regenwetter, der Hund war draußen, war dreckig, musste gewaschen werden.« Thimo ist um keine Ausrede verlegen.

»Schön. Und der Hund heißt Ingo und ist Kaminkehrer.«

»Nein. Ingo ist kein Hund, sondern eine Sau. Deshalb gefällt es ihm ja auch im Saustall.«

11. Kloreport

Im Seniorenheim bin ich wieder der Dame begegnet, die ich an ihren Enkel erinnere. Mit »junger Mann« hat sie mich angesprochen, das ging runter wie Öl, und natürlich erzähle ich es gleich Thimo, als ich mittags zurückkomme.

»Wahrscheinlich hatte sie ihre Brille vergessen«, kommentiert er.

Er steht gerade günstig mit dem Rücken zu mir, ich gebe ihm einen Tritt in den Hintern.

»Du bist unverschämt! Die Dame hatte ihre Brille auf! Und sie ist alt, aber weder senil noch blind!«

Ich hole noch mal mit dem Bein aus, doch diesmal ist Thimo vorbereitet, packt meinen Fuß, und ich muss auf einem Bein herumhopsen, bemüht, nicht das Gleichgewicht zu verlieren.

Unser Gerangel endet damit, dass unsere Klamotten in der Küche auf dem Fußboden verstreut sind und wir uns nebenan nackt auf dem Wohnzimmerteppich wälzen und uns einen Schnellfick gönnen.

Als wir albern kichernd, entblößt bis zum Scheitel und mit sich gerade abregenden Schwänzen zurück in die Küche gehen, kommt im gleichen Moment Kevin vom Flur aus herein, starrt uns an, wird rot, murmelt so was wie »Ich habe geklopft …«, ist wieder draußen.

»Kevin, warte!«, rufen wir beide, schlüpfen schnell wieder in unser Zeug, folgen ihm. Er hockt draußen auf einer Bank, stottert verlegen: »Entschuldigung, ich, also …«

Wir setzen uns neben ihn, nehmen ihn in die Mitte. »Kevin, du brauchst dich nicht zu entschuldigen. Weißt du, wir müssen uns daran gewöhnen, dass du da bist. Bis jetzt waren wir meist allein und konnten im Haus rumlaufen, wie wir wollen. Das machen wir natürlich nicht mehr, wenn du bei uns arbeitest, da musst du keine Angst haben.«

»Ich hab keine Angst vor euch.« Er zögert. »Darf ich was fragen?«

»Natürlich. Was willst du wissen?«

»Also, ich weiß schon, dass mich das nichts angeht, aber ihr seid doch verheiratet, und neulich im Pool, als ihr Besuch hattet, also, ich dachte, wenn man verheiratet ist und …«

»Ich weiß, was du meinst. Aber schau, Thimo und ich sind schon so lang zusammen, manchmal haben wir eben Lust, dass jemand dabei ist. Wenn, dann machen wir das aber zu zweit, und das hat nichts damit zu tun, dass wir uns nicht mehr lieben würden. Natürlich ist das bei dir und Marco anders, ihr kennt euch noch nicht so lang und wollt miteinander allein sein.«

»Marco und ich sind gar nicht zusammen. Er glaubt,

er will doch lieber ein Mädchen, hat er gesagt. Nach drei Tagen schon.«

»Aber du möchtest einen Jungen?«

»Ja. Das schon. Aber ich weiß nicht, wo ich hier ... und wie ... und eigentlich ...«

»Eigentlich was?«

»Eigentlich ...« Er spielt nervös mit seinen Fingern. »Eigentlich will ich lieber einen Mann. Also, ich meine, jemand, der mir was zeigen kann ...«

»Schau mal, vielleicht lernst du in der Berufsschule jemand kennen, der schon etwas älter ist und dir gefällt, hm?«

»Ja, vielleicht ...«

»Das wird schon!« Thimo knufft ihn. »Und jetzt komm, wir haben noch viel zu tun! Und erinnere uns nachher, dass du auch für gestern und vorgestern noch was kriegst.«

Wir haben erledigt, was wir uns für heute vorgenommen hatten. Kevin haben wir gesagt, er soll sich jetzt noch mal auf die Schule konzentrieren, und ihm für drei Tage 100 Euro gegeben. Eigentlich zu viel, aber das Geschäft läuft ganz gut, und er kann es sicher gut gebrauchen.

»Ist dir klar, wen er meinte, als er gesagt hat: ›lieber einen Mann‹?«

»Natürlich. Dich, Thimo. Er wird mutiger und hat sich heute schon ziemlich weit vorgewagt.«

»Ja. Aber er meint uns beide. Mich vielleicht etwas mehr, aber auch du bist der Typ Mann, den er sucht. Auf die Haarfarbe kommt es ihm nicht an.«

»Möglich. Was machen wir, wenn er noch deutlicher wird?«

»Schwierig. Ich denke, er wartet darauf, dass wir ihm sagen, was er tun soll oder muss. Ich will aber nichts von ihm verlangen, was er nicht …«

Das Telefon unterbricht unser Gespräch, Thimo geht ran. »Vielleicht ist es Robert.«

»Nicht Robert«, berichtet er, als er zurückkommt. »Ingo. Was denkst du, was er wollte?«

»Einen Termin in unserem Fitnessstudio.«

»Eher im Saustall. Und er will jemand mitbringen. Wir haben Mittwoch ausgemacht.«

Das mit dem »Fitnessstudio« ist ein geflügeltes Wort zwischen uns geworden. Als Ingo im Frühjahr mal unseren Kamin prüfen wollte, musste ich ihn im Keller in den Raum lassen, in dem der Fickbock steht. Und auf seine Frage, was das sei, ist mir nichts Besseres eingefallen als »ein Fitnessgerät«. Da wollte er dann einen Termin im Studio.

Ingo ist eine richtige Sau. Er steht darauf, ordentlich durchgeknallt zu werden, gerne lässt er sich fesseln und am besten dabei noch vollpissen. Und in dem Stall, in dem einer unserer Vorbesitzer wirklich mal zwei oder drei Schweine hielt, geht das eben viel besser als in einer Dusche oder Badewanne.

Nach einem arbeitsreichen Samstag, an dem wir letzte Hand an die Kränze legen, bevor wir sie zum Friedhof schaffen, machen wir uns einen gemütlichen Sonntag, und es schadet nicht, dass es mal wieder regnet, ehe eine neue Arbeitswoche beginnt.

Am Mittwoch schließt Thimo schon morgens einen

unserer längsten Gartenschläuche an den Wasserhahn im Stall an und legt den Schlauch dann in die Sonne.

»Was wird das denn?«

»Ingo hatte darum gebeten.«

Ich verstehe. So wie der eingesaut wird, muss er danach duschen, das macht er in unserem Anbau. Und er kann zwar meinetwegen pitschnass vom Stall aus dorthin gehen, aber pissnass wäre doch nicht so gut. Also muss er sich erst im Stall schon mal die Pisse abwaschen. Und dort gibt es nur kaltes Wasser. Das mag er nicht.

Leider fällt irgendwann am Nachmittag, als er unvermittelt auftaucht, auch Kevin der Schlauch auf. »Soll ich das aufräumen?«

»Lass ruhig, wir wollen noch was gießen.«

»Wieso, es hat doch bis gestern geregnet?«

Er hat recht. Und was sag ich ihm jetzt?

»Stimmt. Aber lass einfach liegen. Gibt's irgendwas Neues?« Hoffentlich lässt er sich ablenken.

»Der Wolf wollte heute, dass ein paar von uns ein Referat halten, darüber, was sie nächstes Jahr machen werden. Ich bin auch drangekommen. Chef, er hat mir eine Eins gegeben!«

Unser Kevin …

Ingo kommt in seiner pechschwarzen Kaminkehrerkluft. Er ist in unserem Alter, um die eins achtzig, gut gebaut, und wegen seines Berufs und seiner schweinischen Vorlieben trägt er Glatze. Artur, der Typ, den er mitbringt, misst mindestens zwei Meter, der ist noch größer als wir, ein richtiger Schrank, und dessen Kleidung, Haar und

Schnauzer sind genauso schwarz wie Ingos Klamotten. Er trägt mit einer Hand ganz locker einen Kasten Bier einer hiesigen Brauerei. »Wir hoffen, ihr mögt das«, sagt er in tiefem Bass. »Regional einkaufen und so.«

Wir nehmen uns jeder eine Flasche, stoßen an, zeigen Artur schon mal den Stall, er sieht sich um, überlegt.

»Ja, das müsste gehen … das wird geil. Ihr macht doch mit, oder? Ingo ist schon einer abgegangen vor Vorfreude. So was geht weder bei ihm noch bei mir so richtig. Und irgendwo im Gelände … wo ist man denn schon wirklich allein? Aber hier, das wird geil! Prost!«

Wir sind inzwischen alle bei der zweiten Flasche, überbrücken die Zeit, bis das Bier unten wieder rauswill.

»Wie habt ihr euch denn kennengelernt?«, möchte Thimo wissen.

»Klassisch«, sagt Ingo. »Autobahnklo. Ich musste wirklich schiffen. Und da hat er sich in schwarzem Leder neben mich gestellt, seinen Dödel rausgeholt, und als ich den gesehen habe, konnte ich nicht mehr strullen. Weil meiner sofort hart war.«

»Was er nicht sagt«, ergänzt Artur, »ist, dass er mit dem Arsch gewackelt hat, als ich in das Klo gekommen bin. Er musste nämlich gar nicht pissen. Er wollte genagelt werden. Das habe ich schon gesehen, als er in dieses Klo reinging. Ich stand mit meiner Maschine im Dunkeln und hab ihn beobachtet. Als er nicht wieder rauskam, bin ich rein. So war das. Und außerdem hatte er schon einen stehen, bevor ich mich neben ihn gestellt habe.«

»Dann hat er mich in die Knie gedrückt, damit ich ihn blase.«

»Auch falsch. Als du meinen Riemen gesehen hast, bist du von ganz allein runter, hast dein Maul aufgerissen und ihn dir reingezogen. Erst als ich gepisst habe und du was danebengehen lassen hast, habe ich dich runtergedrückt, damit du die Pisse von meinen Stiefeln ableckst. Und dabei ist dir in der Hose einer abgegangen, kannst du ruhig sagen.«

So wie ich Ingo kenne und wie Artur erzählt, dürfte dessen Version der Ereignisse näher an der Wahrheit sein.

»Hattet ihr keine Angst, dass jemand kommt und …?«

»Als er meine Stiefel leckte, kam einer. Verklemmter Spanner, hat nur zugeschaut. So was stört mich nicht.«

»Da wart ihr doch eh schon fertig.«

»*Er* war fertig, *ich* aber nicht«, stellt Artur fest. »Da hab ich ihm klargemacht, dass er besser aufpassen soll. Denn wenn noch mal was danebengegangen wäre, hätte ich ihn in meine Pisse auf dem Boden gesetzt. Da hat er sich dann angestrengt.«

»Dabei war ich gar nicht mehr geil …«, schaltet Ingo sich wieder ein.

»Selber schuld. Außerdem, als ich mich ausgeschifft hatte und du ausgepackt warst, hattest du schon wieder einen Harten. Du konntest es doch kaum erwarten, meinen hinten reinzukriegen! Sein Loch war auch schon geschmiert. So viel zum Thema ›er war auf dem Klo, weil er pissen musste‹. Dass ich nicht lache!«

»Na gut«, gibt Ingo jetzt zu, »vielleicht wollte ich …«

»Nicht vielleicht. Ganz sicher wolltest du gevögelt werden! Kannst dich ja auch nicht beklagen. Zweimal hab ich's dir besorgt!«

»In diesem Klo?« Zwischenfrage von Thimo.

»Klar. Er hat sich am Fensterbrett abgestützt, seinen Allerwertesten rausgestreckt, und dann war er dran.«

»Er hat mir den Arsch zerrissen!«

»Du hattest vorher gesehen, worauf du dich einlässt. Also jammere nicht rum. Außerdem hat deine Latte getropft wie sonst was!«

»Ich hab's drei Tage später noch gespürt!«

»Freu dich doch!« Artur wendet sich an uns. »Natürlich ist es ihm bald wieder gekommen, als ich ihn durchgezogen habe. Mir auch, hatte vorher zwei Tage nichts vor der Flinte. Weil mir das selbst zu schnell war, bin ich in seinem Arsch dringeblieben und hab gesagt, er soll mir ein paar Sauereien erzählen, damit ich wieder geil werde. Erst wollte er nicht, aber als er kapiert hat, dass es noch länger dauern würde, wenn er nicht mitmacht, hat er losgelegt. Seitdem weiß ich, wie das war, als ihr ihn an das Gitter in eurem Stall gebunden habt. Er hat dann noch seine Fotze zusammengekniffen, weil er mich eigentlich draußen haben wollte, aber da hatte er sich geschnitten. Das hat mich nur noch mehr angemacht, und ich hab ihn noch mal geknallt. Gejodelt hat er vor Freude!«

»Stimmt überhaupt nicht! Der Arsch hat mir wehgetan!«

»Kann nicht so schlimm gewesen sein, schließlich hast du noch mal abgespritzt. Wenn auch nicht mehr viel.« In unsere Richtung ergänzt Artur: »Drei Abgänge hab ich ihm verschafft! Und da jammert er …«

»Du warst ja immer noch nicht fertig!«, grätscht Ingo dazwischen.

Artur grinst uns an. »Nicht ganz. Hatte vorher absichtlich was zurückgehalten. Das hab ich ihm dann noch in den Arsch gepisst. Hättet mal sehen sollen, wie schnell er mit zusammengekniffenem Hintern zur Kloschüssel gesaust ist, als ich meinen Schwanz rausgezogen hab!«

Ich brauche nirgendwo mehr hinzusausen. Es ist zu spät. In meiner Hose explodiert was, es wird heiß und nass und … ich versuche, nicht laut zu werden, aber Thimo merkt doch, was gerade passiert ist.

»Carsten ist gekommen«, stellt er nüchtern fest, während er seinen Latz knetet. »Und ich frag mich, in wessen Rolle er sich gesehen hat.«

12. Stallburschen

Artur meinte, so allmählich müsse bei ihm das Bier wieder raus.

»Lasst ihr uns so zehn Minuten allein? Ich werde ihn appetitlich aufbereiten.« Er marschiert zu seinem Auto und kommt mit einer Reisetasche wieder. »Ein bisschen Spielzeug …«

Wir verziehen uns. Ich nutze die Gelegenheit, die vollgekleckerte Unterhose loszuwerden und mir da unten den Kleister abzuwaschen.

»Wer von beiden wärst du denn gern gewesen?« Mit der Frage musste ich rechnen. Aber ich weiß es selbst nicht.

»Der Spanner!«

»Du weichst aus! Ich werde darauf zurückkommen.« Wird er, mit Sicherheit. Thimo ist hartnäckig.

Artur winkt uns von der Stalltür aus zu sich. Er ist jetzt bis auf schwarze Bikerstiefel und eine lederne schwarze Schirmmütze völlig nackt, schon leicht angegeilt, und beim Anblick seines Halbsteifen glaube ich sofort, dass Ingo gejodelt hat, als er den drin hatte. Artur ist ein Trumm von einem Mannsbild, um die vierzig, schätze ich, Bauchansatz, seine Oberarme dürften so dick sein wie bei Hänflingen die Beine, und er ist fast überall gut behaart, schwarz natürlich. An der Brust sowieso, aber auch Arme und Beine, und um sein Geschlecht wächst kein Gebüsch, sondern ein Urwald. Als er sich umdreht, zeigt er seinen haarigen Arsch, und sogar aus der Kimme wuchert es.

Drinnen hat er die kleine Bank mit einer schwarzen Plane bedeckt, sie steht mit einer Schmalseite fast am Trenngitter zwischen dem Vorraum und dem eigentlichen Stall, und darauf liegt Ingo auf dem Rücken. Seine Beine sind nach oben gespreizt an das Gitter gebunden, der Arsch dagegengepresst, von der anderen Seite aus muss er gut zugänglich sein. Seine Arme und sein Körper sind an die Bank gefesselt, den Kopf kann er drehen, mit aufgerissenen Augen, aufgerissenem Mund und sicher auch aufgerissenem Loch erwartet er uns.

»Zieht euch doch aus«, sagt Artur. »Ihr könnt seine Löcher nach Belieben benutzen und befüllen. Er wartet drauf, was, Ingo?«

»Jaaa … macht schon!«

Während wir uns nackt machen und dann wegen des kalten Bodens wieder in unsere Arbeitsschuhe schlüpfen, stellt sich Artur breitbeinig über die Bank, geht so weit in die Knie, dass Ingos Kopf unter seinem breiten Arsch verschwindet, und lässt sich lecken. Er beugt sich nach vorne, hält sich an dem Gitter fest, ab und zu blitzt Ingos rosa Zunge zwischen seinen dunklen Arschbacken hervor. Ich überlege gerade, was ich als Erstes machen will, als mir ein scharfer Geruch in die Nase steigt.

»Seht euch diese Sau an!«, dröhnt Artur. »Er pisst sich

selber voll! Kann es gar nicht erwarten! Nehmt ihn euch! Ich will als Letzter in seinen Arsch.« Er lüpft seinen Hintern, Ingo prustet und schimpft.

»Überall Haare …«

Thimo hat offensichtlich schon entschieden, was er will, geht in den Stall, stellt sich hinter dem Gitter zwischen Ingos Beine, zielt auf dessen Schwanz und Sack und lässt es laufen. Das animiert auch meine Blase, ich lasse mich so wie eben Artur lecken, und als sich Ingos Zunge in mein Loch bohrt, strömt es aus mir heraus. Meine und Thimos Pisse mischen sich auf Ingos Bauch mit dessen eigener, um seinen Nabel bildet sich ein kleiner See, es riecht nach Autobahnklo.

Thimo ist leergelaufen, er wichst sich nun an, lässt Spucke auf sein Teil tropfen, auf seine Finger, packt an Ingos Arsch, was den zu intensiverer Leckerei bei mir animiert, und als Thimo seinen Kolben in Ingos Hintereingang treibt, rotiert die Zunge in meinem Loch geradezu.

Lautes, nasses Klatschen, wenn zwischen den Gitterstäben Thimos Lenden auf Ingos Arschbacken treffen, und ich will jetzt auch ein Loch für meinen Riemen. Also stelle ich mich neben die Bank, strecke ihn Ingo entgegen, er ist willig, hat das Maul schon aufgerissen, den Kopf zu mir gedreht, beißt sofort an, nuckelt an meinem pissnassen Schwanz.

Artur stellt sich mir gegenüber auf Ingos andere Seite, lässt seinen Kolben auf dessen Wange klatschen, und ich kann mich ja wirklich nicht über die Größe meines Gerätes beklagen, aber was Artur da für einen Ständer präsentiert … Mannomann! Dieses Rohr würde mich glatt zerreißen. Ingo hat den Kopf wieder gewendet, seine Zungenspitze spielt nun mit zwei Eicheln, das ist echt schön, aber ich will jetzt wo rein!

Also gehe ich hinter zu Thimo, sehe mir an, wie er diesen Kaminkehrer beackert, er steht in einer Pisslache und vögelt Ingos Arsch. Auch schön und gut und geil, aber jetzt will ich! Ich rücke Thimo ganz dicht auf die Pelle, er wird mich nicht reinlassen, aber ich habe meinen Steifen zwischen seine Beine geschoben, mein Schwanzkopf drückt gegen seinen Sack, und ich feuere ihn an: »Komm schon, ich will auch! Spritz diese Sau voll, der wartet auf deine Soße! Gib's ihm!«

Ich weiß nicht, ob mein Gerede oder meine Latte den Ausschlag gibt, aber jedenfalls bin ich mit meiner Strategie erfolgreich. Thimo krallt sich an den Gitterstäben fest, rammelt wie ein Karnickel, entlädt sich endlich in Ingos Arschkanal. Der Schwanz der Drecksau zuckt verdächtig, als ob er kurz vor dem Abschuss wäre, doch noch kann er sich beherrschen.

Ich dränge Thimo zur Seite, etwas Spucke, und dann bin ich endlich drin! Ingos Loch ist heiß und glitschig, mein Kolben stochert in Thimos Sahne – es ist so geil, ich muss aufpassen, will noch nicht kommen, Ingo soll schon auch von mir was haben. Thimo lehnt stöhnend mit wackligen Knien an der Wand, bis Artur ihn zu Ingo ans Kopfende schiebt, der sofort beginnt, Thimos besten Freund sauber zu lecken.

Nun stellt Artur sich ganz dicht hinter mich, hält sich ebenfalls am Gitter fest, presst seine riesige Gurke – nein, nicht in meinen Arsch, nur in meine Kimme. Gott sei Dank, das Ding ist einfach überirdisch.

»Komm schon, spritz ab«, raunt er mir ins Ohr, »sonst nehm ich mir dein Loch!«

Ich weiß nicht, ob das ernst gemeint ist, aber zutrauen würde ich es ihm, und der Gedanke an diese Kanone, die da schussbereit in meiner Ritze schubbert, treibt es mir endlich heraus, und Ingo kriegt fünf, sechs Schuss von mir eingetrichtert.

Ich bin völlig groggy, doch das interessiert Artur nicht, er drängt mich weg, und obwohl ich so fertig bin, will ich unbedingt sehen, wie sein Monsterteil Ingo aufbohrt. Natürlich ist dessen Loch durch zwei Ritte ordentlich eingefickt und vorbereitet, doch als Artur an seiner Fotze ansetzt, hält Ingo die Luft an, und Thimos Lümmel flutscht aus seinem Maul.

Ingos Konzentration gilt jetzt nur seinem Loch. Es ist faszinierend. Ich weiß nicht, wie, aber es geht. Der Arschmuskel dehnt sich immer weiter und weiter, bis Arturs fetter lila Schwanzkopf verschwunden ist. Dann gönnt er der Stute eine kleine Pause, arbeitet sich mit kurzen Stößen aus der Hüfte weiter vor, und irgendwann trennen nur noch Gitterstäbe die beiden. Der monumentale Kolben steckt komplett in Ingos Eingeweiden.

Die zwei sehen sich in die Augen, Thimo und ich sind nur noch unbeteiligte Zuschauer. Artur greift sich durch das Gitter Ingos Ständer, und nun wichst und fickt er ihn. Schwanz fast ganz raus und mit Schmackes wieder rein. Ingo bleibt dabei hart, winselt, und ja, es ist etwas Ähnliches wie Jodeln, was da von ihm kommt.

Arturs Faust wird schneller, ebenso seine Stöße, er steuert auf einen Orgasmus zu, auch Ingo hört sich so an, als wäre er bald so weit, die beiden scheinen eingespielt zu sein. Ingo hebt den Kopf so weit wie möglich, reißt das Maul auf, sein Pissschlitz öffnet sich, milchige Flüssigkeit schießt heraus, trifft tatsächlich seine eigene Fresse. Letzte brutale Stöße rammen ihn, Artur jodelt nicht, als er kommt, er brüllt geradezu, nur gut, dass wir keine unmittelbaren Nachbarn haben.

Thimo und ich stützen uns gegenseitig, Artur klammert sich ans Gitter, Ingo liegt mit heftig pumpendem Brustkorb da. Ich will seine Fesseln lösen, doch Artur schüttelt den Kopf. »Noch nicht.« Und nach einer Weile ergänzt er: »Ich muss auch noch pissen.«

Er schließt die Augen, entspannt sich, seine Mundwinkel zucken, ja, ich denke, jetzt lässt er es laufen, füllt Ingo ab mit zwei Pullen Bier. Es dauert, bis er fertig ist, und bilde ich mir das ein, oder kann man an Ingos Bauch sehen, wie er gerade abgefüllt wird?

Artur sieht Ingo an. »Ich geh raus. Pass auf, bis ich weg bin!« Er kommt auf unsere Seite des Gitters. »Er ist garantiert sauber. Hat nur Wichse und Pisse drin. Wenn ihr wollt, bleibt dabei. Wenn nicht – wir machen hier wieder Ordnung, versprochen.«

Noch während er geredet hat, begann es unter Ingo schon zu plätschern, und nun schießt es geradezu aus ihm heraus, wir sehen seinen Arsch nicht, sehen nur den Strahl, der da wie ein waagrechter Springbrunnen in den Stall schießt, fast ebenso lange, wie zuvor die Befüllung gedauert hat.

Erst als nichts mehr kommt, bindet Artur Ingo los, der

setzt sich auf und reibt seine Knöchel, stöhnt. Artur hockt sich neben ihn. »Alles okay?«

Ingo nickt. »Alles gut.« Und zu uns sagt er: »Wir räumen hier auf, das braucht ihr nicht zu machen. Dann kommen wir noch auf ein Glas zu euch rein.«

»Schon recht.« Wir ziehen uns an, lassen sie allein.

»Ingo ist ein Schwein«, sage ich, als wir uns in der Küche noch ein Bier aufgemacht haben. »Und wie der diesen Schwanz wegstecken kann, ohne kaputtzugehen, versteh ich nicht.«

»Er muss so was gewohnt sein. Sonst ginge das nicht. Aber wie fandest du's?«

»Ziemlich geil.«

»Was heißt das?«

»Ingos Arsch ist geil. Sein verpisster Arsch ist noch geiler. Vor Arturs Brecheisen hätte ich Angst. Aber ich muss ihn ja nicht reinlassen. Deiner langt mir!«

»Den kriegst du morgen wieder … Apropos morgen: Soll ich dir in den Arsch pissen? Oder willst du bei Ingo? Dann laden wir sie noch mal ein.«

Ehe ich antworten kann, nähern sich Schritte, es klopft, auf Socken kommen die beiden in Schwarz gekleideten Männer an.

»Wir wollen euch keinen Dreck hier reintragen.«

Sie haben sich aus dem Kasten Bier, der noch draußen steht, auch was mitgebracht.

»Prost!«, sagt Artur. »Ingo hatte nicht zu viel versprochen, was euch und euren Stall angeht. Hoffentlich hat's euch auch gefallen.«

»Als du hinter mir gestanden hast, war ich nicht sicher, ob das nun eine Drohung war oder …«

Artur bricht in Gelächter aus. »Wollte dich nur anspornen. Mir ist schon klar, dass ich nicht überall reinpasse.«

Ingo mischt sich ein. »Bei mir hat's auch gedauert, bis ich mich daran gewöhnt hatte.«

»Und beim ersten Mal, in diesem Autobahnklo?«

Erneute Lachsalve von Artur. »Da kannten wir uns schon vorher und hatten geübt, weil wir es eben dort treiben wollten. Wir haben vorhin die Geschichte ein bisschen ausgeschmückt, um euch anzumachen. Ist uns ja gelungen.« Er grinst mich an.

Wieder Ingo: »Wir haben alles so weit in Ordnung gebracht und mit Wasser abgespritzt. Wenn es euch nicht stört, möchten wir die schwarze Plane zum Trocknen über dem Gitter hängen lassen, dann holt sie einer von uns die nächsten Tage mal ab.«

»Ist schon recht.«

»Gut. Dann brechen wir jetzt auf, wir müssen alle morgen arbeiten. Danke für den geilen Abend!«

Als sie weg sind, sehen wir uns den Stall noch mal an. Er ist aufgeräumt, aber obwohl sie wirklich überall mit dem Schlauch drübergegangen sind und das Fenster offen ist, riecht es nach Pissoir. Wir hängen die Tür so ein, dass sie offen bleibt, in der Hoffnung, den Geruch mit dem Luftzug schneller rauszubringen.

13. Kevins Blaskonzert

Robert meldet sich endlich. »Ich habe die Frau vom Jugendamt erst heute erreicht. Sie kennt eure Gärtnerei, hat sie gesagt, weil ich ihr das von der Lehrstelle erzählt habe. Sie wird mal bei Kevin vorbeischauen, aber wenn die Eltern nicht wollen, hat sie ohne konkrete Gründe keine Möglichkeit, irgendwas zu unternehmen. Wir sollen aufpassen.«

»So ähnlich hab ich mir das gedacht, ja. Die Mutter kümmert sich kein bisschen um ihren Sohn, der Vater kommt aus dem Knast, aber man kann nichts machen. Trotzdem danke, Robert. Wir passen auf. Und übrigens, er ist gar nicht mit Marco zusammen, sagt er.«

»Mhm. Mir ist auch nie was aufgefallen. Aber die beiden reden miteinander, also Streit scheinen sie auch nicht zu haben.«

»Immerhin etwas. Also gut, wir hören uns, bis dann.«

Der Sommer ist zurück, wir haben gut zu tun, der Stall lüftet aus, die Plane ist inzwischen trocken, wir lassen sie einfach hängen. Ebenso das Handtuch, das Ingo in der Dusche vergessen hat. Stört ja niemanden.

Am Samstagnachmittag steht plötzlich Kevin auf der Matte.

»Gestern hatten wir die letzte Schularbeit. Englisch.« Er verzieht das Gesicht. »Jetzt kommen nur noch ein Wandertag und das Sportfest und so was. Ich bin froh, dass es vorbei ist.«

»Vergiss nicht, du wirst nie wieder so viele Ferien haben!«

»Trotzdem … ich freu mich drauf, dass ich dann bei euch bin. Und ich wollte fragen, ob ich mich in euren Pool setzen kann. Ich dachte, ihr habt vielleicht auch Zeit.«

»Gleich. Geh ruhig schon mal, wir kommen dann. Brauchst du ein Handtuch?«

»Hab ich dabei. Muss nur vorher schnell …« Er verschwindet in den Anbau, dort geht er aufs Klo, wenn er bei uns ist.

»Da hängt ein Duschtuch drin«, stellt er fest, als er wieder rauskommt.

»Mhm, wir hatten Besuch, der hat das vergessen.«

Auf dem Weg zum Pool kommt er an der sperrangelweit offenen Stalltür vorbei. »Was hängt denn da Schwarzes über dem Gitter?«

»Damit hatten wir was abgedeckt. Das soll trocknen.«

Anscheinend glaubt er's, jedenfalls verschwindet er ohne weitere Nachfrage um die Ecke.

»Er sieht wirklich alles, was er nicht sehen soll.« Kommentar Thimo. »Bin gespannt, ob er auch eine Badehose dabeihat.«

Hat er nicht, und diesmal sitzt er relativ locker im Wasser, nicht so verkrampft wie letztes Mal. Er starrt uns nicht direkt an, aber er sieht zu, wie wir uns ausziehen.

»Habt ihr … ich meine, macht ihr Sport? Ihr seid so … stark … und ich …«

»Kevin, du bist gerade siebzehn. Wenn du erst bei uns bist, kriegst du auch Muskeln. Wir werden dich schon arbeiten lassen!«

»Ja, ich … ihr sollt mir auch alles zeigen. Ich meine: alles …«

Thimo wirft mir einen Blick zu.

»Werden wir schon … Was war das jetzt?« Er unterbricht sich selbst, denn da war ein Motorengeräusch, ziemlich nah. »Ich sehe mal nach.« Er will schon aufstehen, greift nach einem Handtuch, als Artur um die Ecke biegt, in einer schwarzen Lederkombi, Helm unter dem Arm, offensichtlich ist er mit seiner Maschine da.

»Hier seid ihr! Hallo!« Er entdeckt Kevin. »Oh, ich störe, 'tschuldigung. Ich wollte nur unsere Plane abholen, und Ingo meint, er hätte sein Duschtuch hier vergessen.«

»Das hängt noch im Bad, die Plane im Stall. Hol's dir einfach.«

Kevin hat Artur unverhohlen angestarrt, offensichtlich schwer beeindruckt »Wie groß ist der denn?«

»Keine Ahnung. Groß.«

»Und wieso *seine* Plane?«

Er stellt wirklich zu blöde Fragen. Thimo rollt mit den Augen, aber zum Glück taucht Artur schon wieder auf, mit dem Duschtuch, so können wir uns um eine Antwort drücken.

»Kann mir bei der Plane bitte einer beim Zusammenlegen helfen?«

»Klar. Oder willst du dich zu uns setzen? Wenn du schon ein Handtuch hast …«

»Ach, könnte ich eigentlich, ja.« Artur beginnt, sich auszuziehen, und unter der schwarzen Lederkombi kommt nur ein schwarzer String zum Vorschein, sonst nichts. Kevin hält die Luft an, als auch der noch fällt. Und als Artur einsteigt, sein Pimmel ziemlich nah vor Kevins Nase baumelt und Artur sich neben ihn setzt, legt er seine Hände in den Schoß. Da tut sich jetzt bestimmt was.

Artur streckt sich, soweit für ihn möglich, und nickt Kevin zu. »Hallo, ich bin Artur.«

Der Angesprochene bringt nur ein stotterndes »J-ja, hallo … Kevin …« zustande, und wir fragen Artur nach Ingo, damit Kevin etwas Ruhe hat.

»Der ist heute bei irgendeiner Veranstaltung seiner Innung. Weiß nicht genau. Aber er schwärmt immer noch von Mittwoch.«

»Ääh, Artur, Kevin ist …«

»Versteh schon. Kevin, ich beiße nicht, keine Sorge.«

»Nein, äh … Entschuldigung, aber wie groß …?«

»Holla, du gehst aber ran! Sechzehn Zentimeter. Und ausgefahren vierundzwanzig. Willst du mal sehen?«

Kevin schüttelt den Kopf, wird knallrot, bringt überhaupt kein Wort mehr heraus, und ich muss Artur dringend bremsen. »Artur, bitte! Kevin ist unser Azubi, und er meinte, wie groß *du* bist!«

»Oh, sorry, ich dachte … weil ihr nackig hier in dem Becken sitzt … Tut mir leid, Kevin. Ich bin zwei Meter fünf. Aber dann lasse ich euch doch besser allein. Hilft mir einer?«

Thimo ist mit Artur verschwunden, Kevin sagt immer noch nichts, aber er konnte seinen Blick nicht von den beiden abwenden, als sie sich abgetrocknet und angezogen haben.

»Kevin, alles okay?«

»Ja. Nein. Ich … ooh … nein …« Er fummelt gar nicht an sich rum, trotzdem kommt es ihm unter Wasser, unübersehbar und heftig.

Ich halte mich zurück, bis er wieder halbwegs bei Sinnen ist, er ist eher noch röter geworden, starrt auf die Wasseroberfläche. »Entschuldigung …«, sagt er ganz leise.

Ich rücke neben ihn, lege ihm einen Arm um die Schulter. »Du musst dich nicht entschuldigen. Es ist dir halt passiert. Ist doch nicht schlimm.«

»Chef, ich wollte nicht, ehrlich … aber …«

Thimo biegt wieder um die Ecke. »Ich hab das Tor abgesperrt, damit wir nicht wieder überrascht werden. Artur wollte sich noch mal bei dir entschuldigen, Kevin. Er dachte eben, na ja, du weißt schon … Ich komm jetzt wieder zu euch.« Er schlüpft aus seiner Hose, sieht Kevins bedröppelten Gesichtsausdruck. »Ist was passiert?«

Ich stupse Kevin an. »Sag schon. Thimo frisst dich nicht. Darüber reden gehört auch dazu.«

Thimo setzt sich Kevin gegenüber, legt ihm die Hände auf die Knie. »Guck mich an. Was ist los? Eine Fünf in Englisch?«

»Nein, aber ich … ich hab gar nichts gemacht, aber … es ist mir einfach gekommen.« Er spricht leise, beschämt.

Thimo schmunzelt. »Ach, Kevin, wo ist das Problem? Du hast Artur und mir zugeschaut, und das hat dir gefallen, fertig.«

»Nein … oder doch, aber Artur ist *zu* groß … Darf ich noch was fragen?«

»Wenn du versprichst, nie mehr zu fragen, ob du fragen darfst, dann darfst du.« Thimo setzt sich neben Kevin, fährt ihm durchs Haar. »Was ist?«

»Ja, also, stimmt das? Ich meine … vierundzwanzig Zentimeter?«

»Wir haben nicht nachgemessen. Kann schon sein. Das ist aber nicht so wichtig.«

»Was ist denn wichtig?«

»Aufeinander achten. Miteinander reden, vor allem, wenn du jemand nicht gut kennst. Das kriegst du alles noch raus, keine Sorge.«

»Ja, aber wenn ich was möchte und der andere nicht …?«

»Das wird passieren. Aber wenn keiner was sagt, werdet ihr's nie erfahren. Vielleicht traut sich der andere ja auch bloß nicht, es auszusprechen.«

»Vielleicht, aber ich …« Er nimmt innerlich Anlauf. »Also ich weiß schon, was Artur dachte, als er uns gesehen hat … und ihr habt das ja mit Georg und Conny hier schon gemacht, und ich …« Er traut sich nicht, den Satz zu vollenden.

»Du möchtest das auch. Stimmt's?«

»Ja, ich … ich mag euch, und ich habe gehofft, wenn wir hier im Pool sind, dann …«

»Wir verstehen schon. Mach einfach mal, was du jetzt möchtest.«

Als er nicht reagiert, nimmt Thimo Kevins Hand und legt sie sich zwischen die Beine. »Du kannst auch Carsten anfassen. Aber versprich uns, dass du sagst, wenn du was nicht willst, klar? Egal was es ist!«

»Ja. Versprochen.« Überraschend fest klingt seine Stimme plötzlich. Wie erwartet, aber sehr vorsichtig bewegen sich seine Finger, als er meinen Bauch berührt, nach unten streicht, ins Wasser, mein Schamhaar erreicht, meinen Schwanz, er nimmt ihn tatsächlich in die Hand, und ich sehe, bei Thimo hat er es genauso gemacht, während sein eigener sich schon wieder in die Höhe reckt.

Nun arbeitet sich Thimo bei Kevin vor, er greift sich dessen Ständer, langsame Wichszüge, wirklich sehr langsam, trotzdem stöhnt Kevin sofort auf. »Halt, nein, nicht … ich … oooh …« – schon schießt es wieder aus ihm heraus, sein Sperma mischt sich mit dem Badewasser.

Thimo gibt seinen Schwanz frei, auch Kevins Hände lösen sich von den unsrigen, peinlich berührt sitzt er zwischen uns. »Tut mir leid …«

»Wieso denn? Red doch keinen Unsinn!«

Er hat sich wieder eingekriegt, wir sind einfach bei ihm sitzen geblieben, Thimo redet auf ihn ein, er ist psychologisch echt besser als ich.

»Kevin, wir wissen, dass für dich alles neu ist, und dir braucht nichts leidzutun. Ein paar Sachen müssen dir aber klar sein: Wir mögen dich beide sehr gern, aber Carsten und ich sind verheiratet, das ist etwas ganz anderes. Wenn du willst, zeigen wir dir, was Männer so miteinander machen können, aber zusammen, nicht einer allein mit dir. Das auf keinen Fall. Wir werden dich zu nichts drängen, und du sollst dich zu nichts verpflichtet fühlen. Wenn du willst, ist es gut, wenn nicht, auch. Aber nicht jeden Tag und auch nicht jeden zweiten. Alles klar?«

»Alles klar, Meister. Danke.« Er schnieft. Tränen laufen ihm über die Wangen. »Mir hat noch nie jemand gesagt, dass er mich gern mag …«

Thimo drückt ihn an sich. »Kevin, wir schon! Nicht vergessen, ja?«

Wir lassen ihm Zeit, sich zu beruhigen, wechseln über seinen Kopf hinweg einige Blicke, bis er wieder anfängt zu reden. »Ich wollte mit euch hier rein, weil ich gesehen habe, wie ihr da auf dem Rand gesessen seid, und da wollte ich … so wie Conny … aber ich hab das noch nie gemacht und weiß nicht, ob ich das kann …«

»Ob du was kannst? Sag's einfach. Das tut nicht weh.«

Schüchtern, fast unschuldig: »Schwanzlutschen.«

Thimo schwingt sich aus dem Wasser, hockt sich breitbeinig auf die Brüstung. Er nickt Kevin aufmunternd zu, mir wirft er einen fragenden Blick zu, doch ich schüttle den Kopf. Ich will jetzt nur zuschauen.

Kevin traut sich tatsächlich, er kniet sich zwischen Thimos Beine, wo dessen Teil noch ganz friedlich auf dem Sack schlummert. Er fasst sich ein Herz, langt danach, zieht die Vorhaut zurück, beugt den Kopf, nun sehe ich nichts mehr. Thimos Faust deutet hinter Kevins Rücken einige Wichszüge in meine Richtung an. Ich verstehe, allein von Kevins Bemühungen wird er nicht sonderlich geil werden, aber da er ihn nicht frustrieren will, soll auch ich ihn anmachen. Also setze ich mich so hin, dass nur er mich sehen kann, und beginne, an mir rumzuspielen, vor mir im Wasser Kevins schmaler, heller Hintern, das reicht, um einen Harten zu kriegen.

Auch Thimo scheint eine Latte zu schieben. Kevin hustet, würgt und schluckt, doch er bleibt dran, und allmählich übernimmt Thimo die Initiative. Er lässt sich nicht mehr blasen, er stellt sich hin und fickt Kevin in den Mund. Trotzdem bezweifle ich, dass er auf die Art kommen wird, deshalb hocke ich mich neben ihn und arbeite mich mit einem spucknassen Finger vor zu seinem Loch. Er macht auf, lässt mich rein, und seinen Arsch zu fingern gibt mir echt einen Kick, ich rubble schneller, lasse es mir kommen, auch meine Soße schwimmt nun im Wasser. Kevin hat es vielleicht gar nicht registriert, Thimo schon, der kennt mich schließlich. Ich bearbeite weiter seine Rosette, er soll zusehen, dass er auch kommt, und der arme Kevin den Mund mal wieder zukriegt.

»Spritz ab!«, mache ich ihn an, im Stakkato vögelt ihn mein Finger, ja, jetzt krampft sein Loch, drei-, viermal, Kevin kriegt gut was ab. Der klammert sich nun mit einer Hand an Thimos Hintern, mit der anderen übt er Unterwasserwichsen, zwischen Thimos Beinen sehe ich den Erfolg seiner Bemühungen, innerhalb von vielleicht einer halben Stunde lädt er ein drittes Mal ab. Thimos Sperma spuckt er wieder aus.

»Alles in Ordnung, Kevin?« Er sitzt uns gegenüber, schaut irgendwohin, nickt aber. »Sicher? Hättest du's lieber nicht gemacht?«

»Doch. Ich wollte schon.«

»Aber? Hat's dir nicht gefallen?«

»Doch. Aber ich sollte machen, was ich will. Ich dachte, ihr sagt mir ...«

»Das kommt schon noch. Aber du sagst, wenn du was nicht willst! Und das Zeug ist übrigens nicht giftig. Kann man schlucken. Klar?«

»Ja, Meister. Klar.«

»Gut, dann«, schalte ich mich ein, »können wir mit dem Kochen anfangen. Hilfst du mir?«

»Ja, Chef. Darf ich zum Essen bleiben?«

Natürlich darf er. Obwohl er uns noch arm frisst, so wie er immer reinhaut. Aber bei uns gibt es mal Abwechslung zu dem Dosenfutter bei ihm zu Hause.

»Gibt's was Neues von deinem Vater?«, frage ich zwischen zwei Bissen.

»Er soll übernächste Woche rauskommen. Ich werde ihm aus dem Weg gehen.«

»Wenn es Probleme gibt, kommst du zu uns, ja?«

»Ja, Chef. Danke.«

14. Kevin lernt dazu

Kevin wäre noch länger geblieben und hätte gern hier geschlafen, doch Samstagabend gucken wir meistens im Wohnzimmer einen Porno, ehe wir bumsen, und da muss er wirklich nicht dabei sein.

Also haben wir ihn heimgeschickt, freundlich, aber bestimmt, und erst nachdem er weg war festgestellt, dass sein Handtuch noch auf einer Wäscheleine baumelt. »Wird er sich morgen schon holen«, vermutet Thimo.

Es folgt der gemütliche Teil des Abends. Thimo hat heute einen französischen Militärstreifen ausgesucht. Ein Sergeant schikaniert seine Untergebenen, einem verhaut er den Arsch, weil der irgendwas falsch gemacht hat, einen anderen vögelt er beim Geländelauf, und als ihn ein Kamerad des Gefickten k.o. schlägt, landet der natürlich im Militärgefängnis, wo es weiter zur Sache geht. Ein geiles Video, und Thimo wird so heiß, dass wir es gar nicht bis ins Schlafzimmer schaffen, schon auf dem Sofa fickt er mich durch – und später im Bett noch mal.

Den Sonntag lassen wir ruhig angehen. Irgendwann im Laufe des Tages fragt Thimo, ob ich Kevin gesehen hätte, und auf mein Kopfschütteln deutet er nur zu der leeren Wäscheleine. »Der muss aber hier gewesen sein! Die Frage ist, wann.«

»Wie meinst du …?«

»Wir hatten gestern Abend die Terrassentür offen. Und man sieht und hört von draußen den Fernseher. Es kann also sein …«

»Was willst du machen?«

»Ich frag ihn. Wenn er lügt, werde ich ernsthaft sauer. Wenn nicht … na ja, ich hätte an seiner Stelle wohl auch zugeschaut.«

»Und wenn er mitgekriegt hat, wie du mich durchgezogen hast?«

»Dann wirst du damit leben müssen.«

Am nächsten Samstagnachmittag ist Kevin wieder da. »Habt ihr Zeit, baden zu gehen?« Er klingt ganz locker.

»Kevin«, sagt Thimo, »du hattest doch dein Handtuch hier vergessen. Wann hast du dir das geholt?«

»Das habt ihr gemerkt?« Nicht mehr so locker. »Es ist mir auf dem Heimweg eingefallen, da bin ich zurückgeradelt. Ich hab noch den Schlüssel vom Gartentor und wollte euch nicht stören.«

»Und weiter? Du musstest doch am Haus vorbei. Hast du das Ding genommen und bist gleich wieder gegangen?«

Kevins Gesichtsfarbe verrät ihn schon, er braucht gar nichts zu sagen. Kopfschütteln, ein geflüstertes »Nein«.

»Sondern?«

»Ich … ich hab was gehört … und bin hin … und hab den

Fernseher gesehen und nachher …« Er ist immer leiser geworden, man versteht kaum noch was.

»Nachher hast du auch uns gesehen.«

»Ja.« Nur noch gehaucht fügt er hinzu: »Entschuldigung. Ich fahr wieder.« Weinend wendet er sich zum Gehen.

»Warte. Du hast uns zumindest nicht angelogen.«

Er schnieft, ist ganz kleinlaut. »Ihr seid nicht böse auf mich?«

»Doch. Spätestens als Carsten und ich angefangen haben, hättest du gehen müssen!«

»Ja. Aber ich konnte nicht. Ich wollte das doch mit euch … aber ihr hattet mich weggeschickt …«

»Wir wollten allein sein. Das hast du auch gewusst! Komm mit!« Thimo marschiert Richtung Scheune, Kevin trottet hinterher, und gespannt folge ich den beiden.

Thimo setzt sich auf einen Hocker, klopft nur auf seine Knie.

Kevin versteht, ihm ist sicher etwas mulmig, doch obwohl Thimo das gar nicht verlangt hat, zieht er die Hosen runter und legt sich mit blankem Hintern über Thimos Schenkel. Der zwinkert mir zu, und ich kapiere. Er wird nicht hart zulangen, und vermutlich wird Kevin davon geil werden.

Thimo rückt sich den nackten Kevin so zurecht, dass dessen Furche mit dem kleinen, engen Loch offen liegt, der Schwanz auf Thimos Oberschenkel zeigt schon Spuren von Erregung. Thimo streicht über die zuckenden Pobacken. »Du hast einen hübschen Arsch, Kevin. Aber du siehst ein, dass du eine Strafe verdient hast?«

»Ja, Meister.« Er hat einen Kloß im Hals.

Es geht los. Thimos Hand ist mindestens so groß wie eine von Kevins Halbkugeln, die sich nun unter klatschenden Patschern langsam rosa färben. Thimo schlägt nicht fest zu, und Kevins unterdrücktes Stöhnen kann nicht vom Schmerz herrühren, das ist eindeutig Geilheit, die sich noch steigert, als Thimo seinen Arsch nur noch streichelt.

»Nein! Bitte … nicht!«

Kevins Latte zuckt schon verdächtig, und als Thimo sachte nach seinem Sack greift, geht bei ihm die Post ab – wild spritzend bekleckert er den Fußboden. Verlegen steht er auf, bedeckt seine Männlichkeit. Stammelt: »Ent… Entschuldigung …«

»Kevin«, sagt Thimo, »wenn du dich noch einmal entschuldigst, weil du gekommen bist, werd ich sauer! Kapiert?«

»Ja, Meister. Aber …«

»Kein Aber! Und jetzt hau ab in den Pool, deinen Hintern abkühlen!«

Ein zaghaftes, verheultes Lächeln. »Darf ich hierbleiben …?«

Mit der Hand bedeutet ihm Thimo zu verschwinden, und ich sehe ihm an, dass er selbst sich bemüht, nicht in Lachen auszubrechen.

»Unser Kevin!«, prustet er hinter vorgehaltener Hand, als wir allein sind.

»Was ist jetzt lustig?«

»Er! Findest du nicht? Er ist so … offen. Er kann sich nicht verstellen. Du weißt bei ihm immer sofort, woran du bist.«

Vorsichtig lächelt Kevin uns an, als wir uns vielleicht eine Viertelstunde später ihm gegenüber in das Regensammelbecken setzen. Der Wasserstand ist gesunken, der Hintern ist grade noch im Wasser, Kevins Hände bedecken seine Scham.

»Nimm mal die Hände da weg!«, verlangt Thimo. »Wir verstecken uns schließlich auch nicht!« Er hockt breitbeinig da, präsentiert stolz sein Gemächt.

Zögernd folgt Kevin, und natürlich ragt sein Mast schon wieder stocksteif empor. Thimo bearbeitet mit den Zehen seine Klöten, und nach einem Stoß in die Rippen beteilige ich mich, zusammen wichsen unsere Füße Kevins Rohr, und auf ein Zeichen von Thimo hin hebt der seine Beine, bis wir sie uns greifen und an unserem eigenen Teil reiben können. Ich bekomme gerade Gefühle, als Kevin unsere Füße packt und stöhnend ein zweites Mal absahnt. »Entschuldigung …« Seine Verlegenheit ist fast rührend.

»Kevin!«, entfährt es Thimo. »Was hab ich vorhin gesagt?«

»Ja, Meister. Aber …«

»Nix aber! Klar? Hock dich hier rüber!« Thimo rückt ein Stück von mir ab, Kevin quetscht sich zwischen uns, wir legen ihm die Arme um die Schultern, er schmiegt sich an uns, zusammen dösen wir ein wenig.

Ich werde wach, als eine Hand etwas unbeholfen mein Gehänge knetet, werfe einen Blick zu Thimo, auch an ihm fummelt Kevin rum, und als unsere beiden Rohre stehen, kniet er sich vor uns, lutscht uns abwechselnd, Thimo und ich wichsen uns selbst, wenn er gerade beim anderen ist, und als es mir kommt, presse ich Kevins Kopf in meinen

Schoß, spritze in seinem Rachen ab. Diesmal schluckt er die Soße, und als ich ihn loslasse, steht Thimo auf, wichst sich ordentlich einen ab, Kevin hechelt, möchte sich den Schwanz reinziehen, doch Thimo lässt ihn nicht, hält seinen Kopf auf Abstand, presst ein »Augen zu!« hervor, und dann saut er Kevins Gesichts ein, überall verteilt er seinen Kleister, fast zugleich spritzt auch Kevin schon wieder ab. Der Kleine ist ein Phänomen.

Beim Kochen sehe ich Kevin an, dass ihn irgendwas beschäftigt. Es stimmt, er kann sich nicht verstellen.

»Chef«, druckst er rum, »könnten wir vielleicht nachher den Film noch mal anschauen?«

»Kevin, du hast doch heute schon dreimal …«

»Trotzdem … so viel hab ich ja nicht gesehen.«

»Vielleicht. Fragen wir nachher Thimo.«

»Ja. Und, Chef, wie ist das … ich meine, letzte Woche, er hat dich doch … tut das nicht weh?«

»Am Anfang kann's schon wehtun. Aber du wirst merken, wie schön es sein kann. Und geil natürlich auch.«

»Ich kenn das nicht, aber ich möchte, dass …«

»Du möchtest, dass Thimo dich bumst, oder?« Es war mir klar.

»Ja. Nein. Doch … aber …« Das wird kein Satz mehr, er ist jetzt überfordert.

»Kevin, solang dir bewusst ist, dass Thimo und ich zusammen sind und ich dabei bin, ist es in Ordnung. Aber wenn du doch nicht willst oder es wehtut, dann sag's!«

Er ist erleichtert, weil raus ist, was er loswerden wollte. »Ja. Danke, Chef!«

»Wie sieht's aus?« Thimo kommt in die Küche. »Gibt's schon was?«

»Gleich. Er möchte dir was sagen.« Ich stupse Kevin an.

Ich verteile das Essen, und Kevin holt Luft. »Ja also, können wir nachher noch mal den Film mit den Soldaten anschauen?«

»Vielleicht. Jetzt essen wir erst mal.«

Kevin gibt sich für den Moment damit zufrieden, vertilgt Unmengen, und als er mal aufs Klo geht, erzähle ich Thimo, was er eigentlich will. »Er braucht's, Thimo. Und er will, dass du es bist. Du weißt, wie verkorkst mein erstes Mal war. Mach's ihm schöner.«

»Ich soll ihn bumsen? Und du …?«

Kevin kommt wieder rein, und ich nicke Thimo nur zu.

Wir lümmeln zu dritt auf dem Sofa, Kevin in der Mitte, und schauen den Soldaten beim Manöver zu, beim Wichsen, Blasen, Spanken, Ficken, bei manchen Szenen kommt Kevin nicht aus dem Staunen heraus. »Geht das wirklich so?« Unverkennbar hat er die ganze Zeit einen Steifen in der Hose, wir langen bewusst nicht hin, denn das hätte sicher eine sofortige Entladung zur Folge.

Nach zwei Szenen stoppt Thimo das Video. »Genügt für heute, oder? Komm, Kevin, zieh uns aus!« Er streckt alle viere von sich, und ich bin gespannt, was passiert.

Während Kevin an Thimos Hemdknöpfen rumfummelt, öffnet der Kevins Hose, schiebt sie ihm runter, und mir leuchtet dieser heiße, kleine, gerade noch jungfräuliche Hintern entgegen. Kevin steigt selbst aus der Hose, macht weiter, und bald hockt Thimo nackt und mit Halbmast da.

Kevin schlüpft aus seinem T-Shirt, befreit mich von allen Klamotten, schwer baumelt seine Gurke zwischen seinen Beinen, bin gespannt, wie lang er durchhält.

Wie von Thimo gewollt, legt er sich auf den Rücken, Kopf auf der Sofalehne. Ich knie mich dahinter, spiele mit seinen kleinen weichen Nippeln, er klammert sich an meinen Armen fest. Thimo stemmt Kevins Beine hoch, drückt sie mir in die Hände und massiert nun mit spucknassen Fingern dieses kleine, enge, erwartungsvoll bibbernde zartrosa Loch. Vorsichtig schiebt er einen Finger hinein, bis zum Anschlag. Kevin schnaubt, doch er scheint es gut zu verkraften. Für den zweiten Finger nimmt Thimo Gel zu Hilfe, damit geht es, Kevins Finger graben sich in meine Arme, und Thimo bearbeitet weiter Kevins Hintereingang und bereitet ihn vor. Er schmiert seinen eigenen Kolben ein, zieht Kevin ein wenig zu sich, sieht ihm in die Augen und legt sich seine Beine über die Schultern. Ich halte Kevin, als Thimo vorsichtig in ihn eindringt und er sich aufbäumen will.

»Sch-sch, Kevin, alles gut, er ist schon drin.« Thimo hat innegehalten, und Kevin ist steif geblieben, ein gutes Zeichen.

»Geht's?«, fragt Thimo, und Kevin presst ein »Ja« hervor.

Thimo schiebt seinen Kolben nicht ganz rein, das wäre zu viel, und er ist wirklich sehr vorsichtig, doch schon nach vielleicht zwei Minuten krallen sich Kevins Nägel in meine Unterarme, sein Schwanz pumpt, und er spritzt sich selbst die Soße ins Gesicht.

Ich lege ihm einen Finger auf den Mund. »Nichts sagen, Kevin. Alles gut.« Thimo zieht seinen Ständer langsam raus, Kevin stöhnt noch mal auf, als Thimos fette Eichel rauskommt, ich wische ihm das Sperma vom Gesicht, sage, er soll einfach liegen bleiben.

Ein fragender Blick von Thimo, zu seiner Latte, zu mir, er möchte in ein Loch, und so stelle ich meins zur Verfügung, knie mich auf den Boden, recke meinen Hintern raus, ein Batzen Schmiere tropft in meine Ritze, und dann werde ich schon gestopft. Bei mir nimmt Thimo keine Rücksicht, er weiß, ich vertrage das, laut klatschend treffen seine Lenden auf meinen Arsch, mit Wucht stößt er zu, Kevins Entjungferung muss ihn mächtig aufgegeilt haben, so wie er mich nun rannimmt. Ich komme gar nicht dazu, selbst zu wichsen, und Thimo pflügt mich mit so viel Gewalt durch, dass ich bald auf dem Bauch liege und mich gar nicht mehr rühren kann. Mein Steifer schubbert über den Teppich, und wenn Thimo nicht bald ablädt, versaue ich noch unseren falschen Perser. Endlich, er kommt, das Rohr in meinem Arschkanal wird noch fetter, pumpt, das ist eine besonders große Portion, die ich da eingetrichtert kriege.

Sein Oberkörper plumpst auf mich, heftig schnaubend, sein ganzes Gewicht lastet auf mir, er ist völlig fertig, so sehr hat er sich verausgabt.

Ich will aber auch noch … »Thimo, geh mal runter!«

Er knurrt unwillig, doch er rollt sich zur Seite. Da er noch in mir steckt, drehe ich mich mit, und da fällt mein Blick auf Kevin, den hatte ich kurzzeitig verdrängt. Mit weit aufgerissenen Augen starrt er uns an, kein Wunder angesichts der Nummer, die wir ihm geboten haben, und auch kein Wunder, dass er schon wieder einen stehen hat.

Nun kann er auch zusehen, wenn ich mir einen abrubble, es ist eh schon egal. Ich packe meine Latte, da sagt er, leise zwar, aber fest: »Chef, willst du mich …?« Dabei hält er meinen Blick, er will wirklich.

Ich schmeiße Thimo hinten raus, drehe mich auf den Rücken, fette meinen Kolben ein. »Setz dich drauf!«

Kevin kniet sich über mich, setzt seinen kleinen knackigen Po auf meine Lenden, sein Sack liegt auf meiner Kanone, er wetzt seinen Hintern hin und her, jetzt muss ich aufpassen, dass ich nicht vor ihm komme, ich will doch in ihn rein!

Er hebt seinen Arsch ein wenig, fasst nach hinten, hält meinen Ständer fest, etwas Heißes, Feuchtes drückt gegen meine Latte, Kevin zögert, lässt sich ein Stückchen fallen, stöhnt auf, doch der Kopf ist drin, ein superenges Loch hat ihn geschluckt, und es geht langsam, stückchenweise weiter, bis er wirklich auf mir sitzt. Mit meinem Rohr ganz drin! So weit rein ist Thimo nicht gekommen! Er hat die Augen geschlossen, und ganz vorsichtig bewegt er sich, er reitet nicht, er rutscht mehr auf mir, sein steinharter Schwanz, der fast zu groß für den schmalen Körper wirkt, ragt mir entgegen. Ich ziehe die Beine ein wenig an, grabe die Fersen in den Teppich und stoße sachte zu, gleich werde ich der Erste sein, der in diesem jungen, heißen, geilen Arsch absamt, gleich, gleich … Jetzt sieht er mich an, wichst sich, sein Schließmuskel verkrampft, zieht mir den Saft aus den Eiern, und jetzt, jetzt, »Jaaahh!«, ich spritze und spritze, es hört gar nicht mehr auf, und zugleich landen noch ein paar Tropfen auf meiner Brust, nicht viel, klar, für ihn ist es das fünfte Mal.

Kevins Kopf ist auf meine Brust gesunken, er würde glatt einschlafen. Thimo hatte sich an einen Schrank gelehnt und zugesehen. Nachdem ich mich abgeregt habe, hilft er Kevin, der sich kaum noch auf den Beinen halten kann, auf, und bugsiert ihn auf das Sofa.

Nach einer Verschnaufpause bringen wir ihn mit Bettzeug nach nebenan in die kleine Wohnung, da kann er schlafen.

Beim Frühstück ist er richtig aufgekratzt, wartet darauf, dass wir weitermachen, aber wir tun, als ob wir nichts merken, und ganz offen was zu sagen traut er sich doch nicht.

Thimo schickt ihn dann heim. »Du kannst jederzeit zu uns kommen, wenn du irgendein Problem hast, Kevin. Aber mach jetzt die letzten Schultage noch was mit deinen Schulfreunden! Bei uns wirst du noch lang genug sein.«

15. Eingeweiht und vollgesaut

Kilian hat sich letzte Woche mal gemeldet, weil seine Schreinerei mit unseren Möbeln soweit fertig ist. Wir haben als Liefertermin gleich Montagmorgen vereinbart und dass wir uns bei ihm melden, wenn wir mit dem Aufbau nicht zurechtkommen.

Ein ganz junger Typ, noch keine zwanzig, bringt die Sachen. Er trägt mit uns alles ins Schlafzimmer und gibt uns einige Hinweise. Alle Teile haben ein Etikett mit einer Nummer, die sich auf einem Plan wiederfindet. Dazu Scharniere und Beschläge in Plastiktüten, fast wie IKEA, nur solider, das Ganze. Und teurer.

Auch in unserer Gegend hat sich der Buchsbaumzünsler verbreitet. Wir beraten die Leute zu verschiedenen Methoden, manche wollen versuchen, die Viecher mit mehr oder weniger giftigen Spritzmitteln zu bekämpfen, andere die Büsche ersetzen lassen. Thimo ist vormittags bei einem Kunden mit einer gut eingewachsenen Hecke, bei der wirklich nur noch Rausreißen hilft. Ich mache am Nachmittag weiter, und abends tut uns beiden vom Möbelschleppen und dem Ausgraben alles weh.

Wir schaffen es gerade noch, eine Kommode zusammenzubauen, mehr Möbelprogramm ist heute nicht. Sogar Sex fällt aus, und das passiert selten.

Der Dienstag verläuft ganz ähnlich, nur buddeln wir heute nichts aus, sondern ein. Hainbuche statt Buchs, von Thujen haben wir abgeraten, das bringt für Vögel und Insekten überhaupt nichts.

Dank des detaillierten Plans schaffen wir abends zumindest noch das Schrankteil für die Nische neben dem Kamin, dann fallen wir todmüde ins Bett.

»Heute möchte ich mit dem Schlafzimmer fertig werden!«, verkündet Thimo beim Frühstück. »Und ich bin gespannt, wie das mit den Spiegeln sein wird. Heute bist du wieder fällig!«

Das hoffe ich auch. Lang ist's her, dass ich zwei Tage kein bisschen Sex hatte, nicht mal mit mir selbst.

Heute müssen wir nirgendwohin, arbeiten zu Hause, das übliche Geschäft läuft, überraschend schneit Kilian plötzlich herein. »Ich bin zufällig vorbeigekommen, hab aber nicht viel Zeit. Seid ihr schon fertig?«

»Du bist lustig! Wir haben sonst auch noch was zu tun!«

Wir zeigen ihm die beiden Teile, die wir aufgebaut haben, damit ist er zufrieden. »Gut, passt. Ihr kriegt den Rest auch noch hin.«

»Hoffentlich. Wir wollen heute fertig werden.«

Er pfeift. »Sportlich! Da habt ihr euch was vorgenommen! Ich muss jetzt weiter. Meldet euch, wenn was ist.«

Auf der Treppe stößt Thimo mich an, deutet auf Kilian vor uns, zieht fragend die Augenbrauen hoch. Ich nicke.

»Kilian! Hat euer Kundendienst heute Abend einen freien Termin?«

»Lässt sich einrichten.«

Wir machen am Nachmittag mit den Möbeln weiter, die Sockel und Korpusse schaffen wir, beim Rest soll nachher Kilian helfen. Oder wir bringen nur noch die Spiegeltüren an. Mal sehen.

Kilian ist überrascht, was inzwischen schon alles steht, und während ich das Abendessen vorbereite, arbeiten er und Thimo weiter. Als ich die beiden zum Essenfassen hole, sind sie so gut wie fertig. Kilian hatte recht, es sieht wirklich sehr ansprechend aus.

Mampfend erzählt Kilian, sein Azubi Thomas, der vorgestern bei uns war, hätte gefragt, ob wir wohl schwul seien. »Ich hab gefragt, woher ich das denn wissen solle.«

»Na ja, vielleicht kennt er seinen Chef. Wissen deine Leute Bescheid?«

»Das will ich gar nicht wissen. Angesprochen hat mich noch keiner. Gehen wir wieder rauf?«

»Ich schlage vor«, sagt Kilian, als wir oben sind, »das Innenleben macht ihr rein, wenn ihr genau wisst, was wo sein soll. Und jetzt, tadaaa ...« Er zieht die Schutzfolien von den Spiegeln ab. »Müsst ihr noch putzen. Aber sonst ... was sagt ihr?«

Das Zimmer hat eindeutig gewonnen. Es hat sich gelohnt. »Ja. Sehr schön. Wir werden euch empfehlen. Morgen überweisen wir dein Geld. Danke, Kilian.«

»Freut mich! Den Verpackungsmüll nehme ich wieder

mit. Kann die Schreinerei Obermaier sonst noch was für euch tun?«

»Vielleicht.« Wir setzten uns so wie letztes Mal ans Fußende des Bettes, sehen uns nun selbst.

»Gut, dann zeig ich euch jetzt was. Aufgepasst!« Die beiden Spiegeltüren öffnen sich zueinander, sie gehören zu zwei nebeneinanderstehenden Schränken, und so haben wir plötzlich drei Kilians vor uns, einmal von hinten, zweimal schräg seine Vorderfront, wo er sein Schwanzpaket knetet. Wir ziehen uns alle aus, beobachten uns gegenseitig.

Bald sehe ich im Spiegel Thimo breitbeinig wichsend auf dem Bett hocken, daneben die Front des steifschwänzigen Schreiners und davor in Echt dessen Mackerarsch. Ich weiß gar nicht, wo ich hinschauen soll.

Kilian dreht sich, und nun wippt seine bereits tropfende Keule direkt vor mir.

»Er kommt gleich!«, sagt Thimo. Und: »Saug ihn ab, du Schwein! Aber nicht schlucken!« Er zwängt mir Kilians Keule ins Maul, und kaum haben sich meine Lippen darum geschlossen, feuert der auch schon ab und füllt mich mit seinem Eierlikör. Sowie er fertig ist, schiebt ihn Thimo weg, presst seinen Mund auf meinen und saugt sich Kilians Soße aus meinem Maul rein. Dann dreht er mich auf den Bauch, lässt Spucke, vermischt mit dem Schreinersaft, in meine Kimme tropfen und steckt mir gleich drei Finger auf einmal rein.

»Aaahh! Thimo, spinnst du? Pass gefälligst auf!«

»Hab dich nicht so! Mit diesem Schmiermittel geht das leicht – und noch mehr!«

Er liegt schon auf mir, sein Kolben steckt in mir. Ich hab

ja gewusst, dass er mich vögeln will, aber so wie er rangeht … irgendwas macht ihn ganz besonders an. Kilian als Zuschauer, oder zwei Tage Enthaltsamkeit oder was weiß ich. Er stützt sich auf meinen Schultern ab, in einem Spiegel treffen sich unsere Blicke, im anderen sehe ich seinen Arsch rackern und wie es meinen zusammenpresst, wenn er mich stopft.

»Thimo, mach doch langsamer!«

»Geht nicht mehr, mir kommt's gleich …« Er schreit auf, ein letzter heftiger Stoß, durch sein Rohr pumpt es mir die Sahne rein, und ich möchte wichsen und komme nicht ran.

Thimo stöhnt weiter. »Das war geil! Meine Eier waren kurz vor dem Platzen!«

»Du spinnst! Nach zwei Tagen doch nicht. Beweg dich mal, ich will auch!«

Wir drehen uns zur Seite, endlich kann ich mir einen runterholen, bloß wohin …? »Kilian, gib mir ein Tempo! Schnell!«

Er gibt mir kein Tempo. Er legt sich zu uns. Schluckt meine Kanone. Lässt seine Zunge um meine hochgradig erregte Latte spielen. Wartet auf den Abschuss. Jetzt, jetzt … Thimos Dödel ist noch ziemlich fest, und mit diesem Ding im Arsch feuere ich ab, Kilian kriegt zurück, was er vorher mir gegeben hat.

Er nuckelt an meinem Schnuller, bis nichts mehr kommt, dreht sich auf den Rücken, wichst sich selbst, und schnell ist er wieder so weit und spritzt sich voll.

Kilian ist wieder weg. Wir haben nach einer Verschnaufpause das Verpackungszeug in seinen Wagen geschafft, dann ist er gefahren. Wir könnten uns melden, wenn mal ein Scharnier ausgeleiert sei oder so, hat er gemeint.

Danach haben wir überlegt, was wir wo einräumen werden, Platz haben wir jetzt genug. Und dann hat sich Thimo rücklings aufs Bett fallen lassen, mich zu sich gezogen, und nun liege ich auf ihm. Wir sehen uns in die Augen, unsere Lippen finden sich, durch unsere beiden Hosen hindurch spüre ich Thimos Keule.

»Willst du noch mal?«, fragt er.

»Nur wenn du nicht wieder so hektisch bist!«

»Nein, aber vorhin konnte ich nicht anders ... Als du Kilians Soße geschluckt hattest ...«

»Hab ich gar nicht! Damit hast du meinen Arsch eingeschmiert!«

»Weiß ich doch! Aber jetzt liegt's an dir ...«

»Was liegt an mir?«

»Wenn du noch länger dumm fragst, ist doch wieder deine Kiste dran!« Funkelnde Augen.

Ich habe uns beide ausgezogen, mich schnell, ihn langsam, Stück für Stück, und als seine Unterhose weg war, habe ich, zwischen seinen Beinen kniend, mein Gesicht in seinen Schoß gepresst. Habe mit beiden Händen seine Hinterbacken geknetet, mit der Zunge alles Erreichbare abgeschlabbert, von den Nippeln abwärts über den Bauch bis zu seinem Riemen. Ich habe ihn umgedreht und mich in seinen Arsch vergraben. Habe ihn richtig schön weich geleckt. Für meinen Schwanz!

Jetzt schmiere ich ihn ein, sein Loch macht sofort auf, als sich mein glitschiger Finger in ihn bohrt, er wird auch meinen Kolben verkraften. Ich drehe ihn zur Seite, lege mich hinter ihn, lasse mein Rohr in seiner Ritze spielen, bette meinen Kopf auf seinen, Wange auf Wange sehen wir uns im Spiegel. Thimo spreizt seine Beine ein wenig, fasst hindurch, greift sich meinen Harten, dirigiert ihn an sein Ziel. Ich fixiere ihn, als ich mich in ihn schiebe, kurz verzieht er das Gesicht, als ich mir Einlass verschaffe. Dann nimmt sein Arschkanal mich auf, Hitze und Enge umschließen meine Latte, immer weiter, bis sich meine Lenden gegen seinen Hintern pressen.

Ich halte inne, es ist schließlich erst das zweite Mal, dass er gebumst wird. »Geht's, Thimo?«

Sein Blick im Spiegel sagt Ja, und gemächlich beginne ich zu vögeln. Thimos Hintern ist ganz anders als neulich der von Kevin, breiter, kräftiger, ein richtiger Männerarsch eben. Und den fülle ich nun mit meiner Kanone, und Thimo macht mit, brummt und stöhnt. Wendet mir den Kopf zu, steckt mir die Zunge in den Mund, jetzt ist er oben in mir, und ich bin unten in ihm. Zwischendurch sehe ich mit einem halben Auge im Spiegel, wie Thimo sein eigenes Rohr bearbeitet, er hat eine Mordslatte stehen. Mit voller Wucht kann man so hintereinander liegend nicht zustoßen, aber soweit möglich, ficke ich jetzt, während seine Zunge in meinem Mund rotiert und Thimos Wichshand immer schneller wird. Um ihn kräftiger rammeln zu können, stütze ich mich etwas hoch, keine Zunge mehr, dafür feste Bockstöße, gleich habe ich ihn so weit, ich kenne ihn doch, so wie er röhrt …

Es geht los, er kommt, spritzt sich in die Hand, während ich ihn immer noch stopfe, ich muss sehen, dass ich auch ablade. Da streckt er mir die Hand mit seiner Soße entgegen, verschmiert mein ganzes Gesicht mit seinem Saft, damit hat er mich, mein Schwanz bäumt sich in seiner Höhle nochmals auf, und dann feuert er ab, und ich verpasse Thimo eine ordentliche Arschbesamung.

Wir bleiben so liegen, wieder Wange auf Wange, sehen uns im Spiegel an, mein verkleistertes Gesicht über seinem. »Thimo, wie komme ich zu der Ehre?«

»Ich hab mir überlegt, bei besonderen Gelegenheiten darfst du mal. Neue Möbel zum Beispiel. Aber morgen nehme ich mir wieder deinen Arsch, damit das klar ist!«

»Nichts dagegen … aber was war eigentlich vorhin, als Kilian noch da war? Da warst du fast so fix wie Kevin. Du hast dich doch sonst besser unter Kontrolle.«

»Ich weiß auch nicht. Ich wollte, dass du Kilian bedienst, und zugleich wollte ich dir klarmachen, dass du mir gehörst, und dann konnte ich mich nicht beherrschen und musste deinen Arsch haben, sofort, schnell … war's schlimm?«

»Nein, aber … das warst nicht du. Du kannst es besser.«

»Willst du noch mal?«

Und dann ist mein Hintern heute noch einmal dran, und Thimo zeigt mir, wie gut er ficken kann.

16. Bockritt, die Zweite

Tags darauf ist am späten Vormittag schon plötzlich Kevin da, ganz ungewöhnliche Zeit für ihn. »Wir haben heute die Zeugnisse gekriegt. Ich bin gar nicht so schlecht! Schaut mal!«

Er hat überwiegend ein *Befriedigend*, einige *Gut*, und nur in Englisch *Ausreichend*. Nicht berauschend, aber er ist stolz auf sich, und wir bestärken ihn darin.

»Ich wollte euch das jetzt nur zeigen. Heute Nachmittag gehen wir schwimmen. Darf ich am Samstag wiederkommen?«

»Sicher darfst du. Aber sag mal, ist eigentlich dein Vater schon draußen?«

Schlagartig verdüstert sich Kevins Miene. »Ja. Seit vorgestern. Er hat wohl bei der Entlassung Geld gekriegt und ist jetzt meist in irgendwelchen Kneipen. Und wenn er daheim ist, trinken sie zusammen.«

Thimo fährt ihm durch die Haare. »Komm zu uns, wenn was ist, ja? Und hier, für dein Zeugnis.« Er nestelt in seiner Geldbörse und drückt Kevin einen Zwanziger in die Hand. »Kauf dir ein Eis. Oder sonst was.«

»Danke, aber … aber ich bin nicht deshalb zu euch

gekommen, ich wollte es euch nur zeigen, weil daheim …«

»Kevin, das wissen wir schon. Aber du hast dich doch in einigen Fächern noch verbessert, weil du dich in letzter Zeit angestrengt hast, und das freut uns. Also nimm schon! Viel Spaß beim Schwimmen und bis Samstag!«

»Danke, Meister! Danke, Chef!« Er strahlt wie ein Honigkuchenpferd und düst ab.

»Ruf Robert an! Die Jugendamtsfrau soll bald bei Kevin vorbeischauen!«

Ich erreiche nur die Mailbox, und so warten wir auf Roberts Rückruf.

Als er sich meldet und ich Kevins Bericht weitergebe, verspricht er, sich sofort mit der Betreuerin in Verbindung zu setzen. »Danke für die Info, Carsten. Sobald ich was weiß, kriegt ihr Bescheid. Und … äh, du weißt schon … wie wär's bei euch …«

Ich verstehe. »Dir juckt der Hintern, ja? Was willst du?«

»Ja, ich … was hinten drauf … und rein … aah …«

»Bist du grad am Wichsen? Nimm sofort die Griffel von deinem Schwanz!«

»Ja, ich … verhaut mir den Arsch und … fickt mich durch … aah …«

»Pfoten weg! Du kannst morgen um sechs kommen zum Kochen. Und bis dahin benutzt du deinen Schwanz ausschließlich zum Pissen, kapiert?«

Thimo hat zugehört. »Jede Wette, der wichst jetzt schon. So wie du den angemacht hast! Willst auf Macker machen, was? Schwein!«

Dabei packt er voll zwischen meine Beine, erwischt meine Latte, durch den Jeansstoff presst er meine Eier zusammen, faucht mich an: »Runter! Und blasen!« Er holt sein Rohr raus und zwingt mich in die Knie. »Lutsch! Damit du nicht vergisst, wer hier der Chef ist!«

Er drückt mich mit seinem Schwanz im Mund gegen eine Wand und klemmt dabei mit seinen Beinen meine Arme fest, sodass ich mir selber keinen runterholen kann. Er verpasst mir einen Maulfick und labert mich mit geilem Zeug voll.

»Du wichst jetzt nicht, bis ich es dir wieder erlaube! Wenn ich dich erwische, kriegst du den Arsch so voll wie Robert … aah … ja, schluck, du Schwein … schluck!« Sein Schwengel pumpt mir seine Sahne in den Rachen, meiner zuckt und zuckt und möchte seine Ladung loswerden, doch auch als ich wieder rankomme, traue ich mich nicht. Thimo wäre imstande, seine Drohung wahr zu machen.

So bleibe ich am Boden knien, mit einem Riesenständer in der Hose, beobachtet von Thimo.

»Du traust dich ja tatsächlich nicht!«, stellt er fest. »Hast wohl doch Respekt vor mir. Gut so. Jetzt darfst du!«

In Windeseile habe ich ausgepackt, nuckle noch mal an Thimos Fleischwurst, spritze meine Ladung in ein Küchentuch.

Thimo geht raus. Hat er das jetzt ernst gemeint? Würde er mir wirklich den Arsch versohlen? Sicher bin ich mir nicht. Und natürlich könnte ich mich rein physisch wehren. Vom Kopf her könnte ich es nicht.

Als wir später im Bett, nach gemütlichem Kuschel-Blümchen-Sex, das Licht löschen, frage ich nach. »Thimo, wie hast du das gemeint? Heute Nachmittag?«

Er versteht sofort und lacht laut auf. »Ach, Carsten, du kennst mich wirklich überhaupt nicht! Glaubst du ernsthaft, ich würde dich verhauen? Ich weiß doch, dass du das nicht willst, sonst hätte ich es schon lang gemacht. Aber ich finde es bemerkenswert, was du mir zutraust. Also wenn ich mich täusche, musst du's nur sagen … Gute Nacht, schlaf gut!«

Er täuscht sich nicht. Oder doch? Ganz sicher bin ich mir nicht.

Robert hat sogar mitgebracht, was er kochen will, und während wir vorbereiten, was Georg und Conny morgen abholen werden, kümmert er sich um das Abendessen. In unserer Küche kennt er sich inzwischen aus, und sein Geschnetzeltes schmeckt ausgezeichnet.

Nach etwas allgemeinem Blabla kommen wir auf Kevin zu sprechen, und wir erzählen, wie stolz er auf sein Zeugnis war.

»Na ja«, sagt Robert, »ich habe da schon ein bisschen zu seinen Gunsten gerundet. Nur in Englisch war beim besten Willen nichts zu machen.«

Wir winken nur ab, und er fährt fort: »Ich war beim Jugendamt und habe persönlich mit der Betreuerin gesprochen. Sie will sich nächste Woche um den Fall kümmern.

Hier ist ihre Karte, falls ihr mich mal nicht erreicht.« Er gibt uns eine Visitenkarte.

»Hoffen wir, dass wir sie nicht brauchen. Danke, Robert. Du hast einen Wunsch frei.«

Man sieht, wie es in seinem Kopf *klick* macht. »Ja dann … gehen wir in den Keller? Ich habe wieder was dabei …«

Thimo übernimmt das Kommando. »Gut, aber vorher: Bring uns ein Bier ins Wohnzimmer, zieh dich aus, und dann mach hier Ordnung!«

»Ja, natürlich.« Er tut genau, wie ihm befohlen. Bringt Bier. Macht sich nackig. Sein Schwanz steht wie eine Eins, als er in die Küche verschwindet.

Als er mit einem »Fertig!« zurückkommt, winkt Thimo ihn zu sich. »Hast du dich daran gehalten, was Carsten gestern gesagt hat?«

Es ist wie bei Kevin. Schon bevor er »Nein« sagt, ist alles klar.

Thimo zieht ihn am Schwanz zu sich. »Sollen wir dich abwichsen, bevor wir dir den Arsch versohlen?«

»Nein … bitte nicht …« Bei dem Gedanken ist ihm entschieden unwohl.

»Na schön, ausnahmsweise. Geh runter und leg dich bereit! Ab!«

Nach einigen Minuten folgen wir ihm in den Keller. Robert liegt auf dem Bock, präsentiert seine Kehrseite, hält uns mit Hundeblick ein langes Holzlineal entgegen, das muss er aus seiner Schule mitgebracht haben. Damit will er's also.

Und damit besorgen wir's ihm, nachdem Thimo ihn an

den Bock gefesselt hat. Dieses Lineal schmerzt sicher mehr als der Tischtennisschläger, aber das muss ihm klar gewesen sein. Wir behalten die Klamotten an, holen nur unsere Schwänze raus und wechseln uns ab. Einer lässt sich blasen, der andere haut zu. Nicht brutal, doch Roberts Arsch wird rosa, wird rot, er ist hart im Nehmen.

»Genug!«, beschließt Thimo nach einem letzten Hieb. »Jetzt ficken wir dich!«

Er schmiert sein Rohr ein, setzt an und beginnt sofort zu rammeln. Robert jault auf, dabei flutscht beinahe mein Mast aus seinem Mund, doch ich passe auf, und dann orgeln wir ihn durch. Robert windet sich, soweit es die Fesseln zulassen, ekstatisch auf dem Bock, während wir seine Löcher stopfen.

Thimo schaltet einen Gang zurück, legt dafür mehr Wucht in seine Stöße, und ich drehe mich um – wenn ich mich ganz tief bücke, müsste Robert mit der Zunge an mein Loch kommen. Ich zerre mir die Hosen runter und… ja, es geht, ich fasse nach hinten, ziehe meine Arschbacken auseinander, presse meinen Hintern gegen Roberts Gesicht, es wird nass, er schlabbert durch meine Ritze, mit der Spitze erreicht er mein Loch und bohrt sich hinein. Ich lange mir an den Ständer, genieße die Leckerei, bis Thimo wieder schneller wird. Eine erneute Drehung, ein aufgerissenes Maul giert nach meiner Soße, und dieser geile Body da vor mir… ich kann nicht mehr, mir kommt's… stöhnend befülle ich Roberts Schlund, und das gibt ihm den Rest, seine Zuckungen werden noch wilder, er brüllt richtig, als er abspritzt, und als seine Schreie in Wimmern übergehen, hat Thimo ein Einsehen, hört auf zu ficken, wichst sich fertig, verteilt seinen Saft auf dem Arsch vor ihm.

»Alles in Ordnung?«, frage ich Robert, während Thimo seine Fesseln löst.

»Jaah …«, stöhnt er. »Ich wollte es aushalten. Lasst mir nur Zeit. Ich komm dann rauf.«

Wir hocken uns in die Küche, teilen uns noch ein Bier, warten. Bestimmt eine Viertelstunde, ich bin kurz davor, nach Robert zu sehen, als jemand gegen die Haustür hämmert und durch das gekippte Fenster eine Stimme dringt. »Meister! Chef!«

»Das ist Kevin!« Thimo springt sofort auf und hastet raus, ich hinterher. Wir reißen die Tür auf, und da fällt er uns schon fast in die Arme. Heulend, blass und das halbe Gesicht blutverschmiert.

»Um Gottes willen, Kevin …« Thimo fängt ihn auf, trägt ihn ins Wohnzimmer, legt ihn vorsichtig aufs Sofa, über das ich schnell noch eine Decke geworfen habe. Kevin zittert und schluchzt, kriegt kein Wort raus. Auf einmal weiten sich seine Augen, er starrt an uns vorbei, und als wir seinem Blick folgen, steht da Robert in der Tür, splitternackt und völlig entgeistert.

Ich drücke ihm seine Klamotten in die Hand, damit verschwindet er in die Küche. Mit striemenübersätem Arsch, den Kevin auch sieht, ehe ihn erneut ein Weinkrampf schüttelt.

Erst nach einigen Minuten, als Robert schon wieder bei uns ist, bringt Kevin stammelnd hervor, was passiert ist: »Ich sollte … an der Tankstelle … eine Flasche Schnaps, aber sie ... haben mir keinen gegeben, weil ich ... weil ich erst siebzehn bin ... und dann ist er auf ... auf mich los ...« Der Rest geht in Heulen unter.

»Dein Vater?«

»Ja ... und meine Mutter hat nur zugeschaut ... ich will da nicht mehr hin! Bitte!«

»Wir helfen dir, Kevin«, sagt Thimo. »Aber jetzt bringen wir dich ins Krankenhaus. Robert, du fährst, wir haben zu viel getrunken.«

Drei Stunden später, schon nach Mitternacht, sitzen Robert, Thimo und ich wieder in unserer Küche zusammen. Sie haben in der Klinik Kevins Platzwunde versorgt, ihm Schmerz- und Beruhigungsmittel gegeben und ihn mit Verdacht auf Gehirnerschütterung dabehalten. Eine Notärztin hat sich unsere Geschichte angehört. Das Krankenhaus wird die Polizei und, da Kevin nicht volljährig ist, das Jugendamt verständigen.

Wir wissen alle drei nicht, wie die Polizei mit dem Vater und das Amt mit Kevin umgehen wird. Dass er von seinen Eltern wegmuss, ist für uns klar. Und zwar nicht in ein Heim. Eigentlich gibt es nur eine Möglichkeit.

»Thimo, bist du einverstanden, dass wir ihn zu uns nehmen? Er kann in den Anbau ziehen. Robert, denkst du, die genehmigen das?«

Thimo nickt. »Ich habe auch schon daran gedacht. Wenn es geht, ja, einverstanden. Robert?«

»Keine Ahnung. Es wäre wahrscheinlich das Beste. Ich versuche, gleich morgen, nein, heute früh die Betreuerin zu erwischen. Ist zwar Wochenende, aber ich weiß, wo sie wohnt. Dann fahre ich zu Kevin, ihr werdet ja hier sein müssen. Zum Mittagessen bringe ich was mit und erzähle euch, wie es gelaufen ist. Dann könnt ihr nachmittags zu ihm. Wollen wir es so machen?«

Wir haben keine bessere Idee, und Robert verabschiedet sich. »Bis morgen … heute.«

Thimo und ich unterhalten uns noch lang im Bett. Wir sind uns einig. Wir werden für Kevin da sein und hoffen, dass man uns keine Steine in den Weg legt.

17. Abschlussorgie

Ich habe schlecht geschlafen, Thimo auch, Morgensex fällt heute aus.

Wir erzählen Georg und Conny, was passiert ist. Sie sind ebenso schockiert wie wir und bieten ihre Hilfe an, wenn sie was tun können.

Der Vormittag vergeht überhaupt nicht, auch Thimo schaut immer wieder auf die Uhr. Wir sitzen beide auf heißen Kohlen, bedienen unsere Kunden und sagen uns immer wieder, dass Robert sich schon melden würde, wenn etwas Wichtiges wäre.

Die Dame, die sich vor einigen Wochen Ersatz für die von der Nachbarin totgegossenen Pflanzen besorgt hat, kommt vorbei, und ich frage, ob sie wieder im Urlaub war.

Sie lacht, weil ich mich daran erinnere, wird dann aber ernst. »Nein. Ich möchte mit Ihnen reden. Herr Singer?«

»Ja. Worum geht's?«

»Beate Kaiser, Jugendamt. Herr Wolf war wegen Kevin bei mir.«

Thimo stand ein Stück entfernt, doch als er »Jugendamt« und »Kevin« gehört hat, ist er sofort zu uns gestoßen, und da glücklicherweise gerade kein Kunde da ist, können wir uns zusammensetzen.

»Herr Wolf hat mir erzählt, was gestern passiert ist und dass Sie Kevin aufnehmen würden. Ich möchte mir einen ersten Eindruck verschaffen und dann, sofern die Ärzte es erlauben, mit ihm selbst sprechen. Ich habe mit der Klinik telefoniert. Auf mein Bitten hin behalten sie ihn zumindest bis Dienstag da. Glauben Sie mir, so eine Kleinstadt hat auch Vorteile. Weil ich Ärzte, Lehrer, Richter, Polizisten kenne, lässt sich manches leichter regeln. Ich wollte jetzt zunächst nur sehen, wo er bei Ihnen wohnen könnte – wenn Sie mir das bitte zeigen würden.«

Obwohl Frau Kaiser gern redet, lässt sie sich nicht zu einem Kommentar über unsere Gästewohnung hinreißen. Sie will jetzt zu Kevin fahren und sich spätestens morgen wieder melden. Unser Angebot eines Blumenstraußes lehnt sie ab.

»Darf ich nicht annehmen. Wegen der ›Compliance‹.«

Ihre Verachtung sowohl für das Neudeutsch als auch die Regel selbst sind nicht zu überhören.

Es kommen neue Kunden, Frau Kaiser verabschiedet sich, wir warten.

Endlich, gegen eins, ist Robert da. »Das Wichtigste, er hat keine ernsten Verletzungen. Eine Platzwunde, einige Prellungen, Gehirnerschütterung. Den Rest erzähle ich euch nachher.« Er verschwindet in die Küche, und wir bedienen die Leute.

»Es geht ihm besser«, berichtet Robert später beim

Essen, »aber er hat Angst, dass er zurückmuss. Ich bin gegangen, als Frau Kaiser und ein Polizist kamen. Hat sie was zu eurem Vorschlag gesagt?«

»Nicht wirklich, nein. Sie will sich melden.«

Endlich sind die letzten Kunden abgefertigt, es ist vierzehn Uhr, wir können zusperren.

Kevin strahlt uns an, als wir in sein Zimmer kommen. »Chef! Meister! Die Frau Kaiser hat gefragt, ob ich bei euch wohnen will! Darf ich wirklich?«

Nach unserem »Wenn du willst!« kämpft er mit den Tränen, und wir können nur hoffen, dass das klappt. Wir unterhalten ihn, bis uns eine Schwester nach draußen bittet, wo Frau Kaiser wartet.

»Herr Wolf sagte mir, dass Sie hier sind. Ich wollte Ihnen etwas sagen, das Kevin nicht hören soll. Seine Eltern behaupten, er wäre eine Treppe runtergefallen. Lächerlich. Es ist ihnen auch egal, ob er auszieht. Er wird einen gesetzlichen Betreuer bekommen, aber er kann zu Ihnen kommen, wenn er entlassen wird.«

Thimo ballt die Fäuste, und ich muss mich zurückhalten, um nicht zu jubeln. »Danke! Er wird es bei uns besser haben, glauben Sie mir! Aber … seine Klamotten, Schulsachen, was er braucht …?«

»Fahren Sie zu den Eltern und holen Sie es einfach. Das haben Sie aber nicht von mir! Wenn es dabei Probleme gibt, melden Sie sich, dann brauchen wir einen Richter. Gehen wir zu ihm?«

Kevin ist in Tränen ausgebrochen, als ihm Frau Kaiser sagte, er könne zu uns kommen, und wir sind bei ihm geblieben, bis es Abendessen gab.

Zurück daheim informieren wir als Erstes Robert. Er wird Kevin morgen Vormittag wieder besuchen. Georg sagt sofort zu, als wir ihn bitten, uns zu Kevins Eltern zu begleiten. Und nachdem wir ihm erklärt haben, worum es geht, wird auch Artur mitkommen.

Die Eltern haben keine Probleme gemacht. Artur mit seinen gut zwei Metern brauchte nur grimmig zu schauen, da ist Kevins Vater ganz klein geworden und hat sich verdrückt. Der Mutter schien alles egal.

Wir schaffen alles aus Kevins Zimmer mit unserem Lieferwagen zu uns und lösen dann Robert in der Klinik ab. Als wir abends zurückkommen, sitzen er, Georg, Conny, Artur und Ingo zusammen. Sie haben geputzt und die Möbel aufgestellt, Kevin kann einziehen.

Keiner hat mehr Lust zu kochen, wir bestellen Pizza, und beim Essen fragt Conny, wie es denn weitergehen wird. »Werdet ihr solide, oder dürfen wir mal wieder kommen? Dann wird euer Azubi aber mitkriegen, was hier läuft.«

Darüber haben wir noch nicht nachgedacht, und das sagt Thimo auch. »Weiß nicht. Bis auf Ingo hat er euch ja alle schon gesehen, in mehr oder weniger eindeutigen Situationen. Aber wenn er hier ist … das wird nicht gehen.«

»Also ist vielleicht heute Abend die letzte Gelegenheit … Wollen wir das nicht ausnutzen? Im Stall?«

Alle sind einverstanden, sogar Robert überwindet seine

Bedenken, als wir ihm versichern, dass keiner hier irgendetwas herumtratschen wird.

Und so beginnt die mit Sicherheit größte Sauerei, die diese Gärtnerei jemals gesehen hat.

Thimo und ich holen Handtücher, Gleitgel und Duschzeug, und auf dem Weg sehen wir schon Wetterleuchten, es wird noch ein Gewitter geben. Im Stall fummelt Artur gerade seinen Schwengel aus der Hose, bewundernd-neidisches Seufzen der anderen, natürlich spielt Größe doch eine Rolle. Vor allem Conny ist ganz hin und weg: »Den möchte ich drin haben! Darf ich, Georg?«

»Meiner langt dir wohl nicht, was?« Georg schubst Conny in Arturs Arme. »Hier! Fick ihn! Sonst wird er mir ewig in den Ohren liegen, ich hätte ihn um ein Vergnügen gebracht!«

»Ob das wirklich ein Vergnügen wird?« Angesichts des Volumens, auf das Conny Arturs Mast geblasen hat, kommen Robert Zweifel.

»Oh doch! Wenn du ihn erst mal drin hast…« Ingo hat sich schon völlig ausgezogen. »Ich kann jedenfalls nicht genug kriegen!« Er wendet sich an Georg. »Lass doch mal deinen sehen!«

Bald stehen sieben nackte Schweine hier in diesem Saustall, aber solche mit Schwänzen vorne dran und nicht geringelt am Hintern. Mit Artur kann keiner mithalten, aber es braucht sich auch keiner ob seiner Größe zu genieren.

Artur hebt Conny hoch wie nichts, wirft ihn bäuchlings in das Stroh und sich dann auf ihn. Er spreizt mit seinen Connys Beine und verlangt nach dem Glitschzeug. »Will ihn ja nicht kaputtficken!« Er schmiert seinen Kolben und Connys Loch und reicht die Tube zurück an Georg. »Hier! Du kannst meinen haben. Ingo, leg dich hin!«

Der schmeißt sich ins Stroh, präsentiert seine Kehrseite, zieht sich die Arschbacken auseinander, wie auf dem Silbertablett liegt dieses gut eingerittene Loch nun da, wartet auf Georg, der schon hinter ihm kniet und die Schmiere verteilt.

»Zusammen!«, raunt Artur ihm zu. »Bist du soweit?«

Georg nickt, und zugleich bohren sich nun diese Meisterschwänze in die Mösen der vor ihnen liegenden Stuten. Ingo stöhnt zwar auf, doch er verkraftet Georgs Riemen locker, Conny jedoch bereut jetzt vielleicht, worauf er sich eingelassen hat.

»Aah … nicht … warte!«, schreit er, obwohl Artur sowieso schon innegehalten hat. Dem ist bewusst, dass sein Prügel wohl für jeden so etwas wie eine zweite Entjungferung ist.

Georg hat sich bereits in Ingos Kanal vorgearbeitet und bürstet ihn mit gleichmäßigen Stößen. »Fick – ihn – ruhig!«, stöhnt er Artur zu. »Und du bist still … wolltest es ja so!«, ergänzt er in Connys Richtung.

Der wird zumindest leiser, als Artur weiter in ihn eindringt, still zu sein gelingt ihm nicht. Seine Augen waren größer als sein Loch, das hat er nun davon.

Das Muskelspiel von Georgs und Arturs Mackerärschen, die ihre Stuten begatten, ist faszinierend, aber keiner von beiden wird sich besteigen lassen. Wir müssen uns Roberts Löcher vornehmen, denke ich, doch Thimo hat eine andere Idee.

»Robert, leck Georgs Arsch!«, verlangt er, und die Drecksau geht sofort in die Knie.

»Ja, natürlich.«

Er bemüht sich, mit der Nase in der Kimme dem Auf und Ab des wippenden Hinterteils zu folgen, und reckt dabei sein eigenes, auf dem die Spuren der vorgestrigen Tracht Prügel noch zu erkennen sind, in die Höhe.

»Fick ihn!«, fordert Thimo mich nun auf. Nichts lieber als das! Ein Batzen Gel auf meine pralle Kuppe, runter auf die Knie, und schon bin ich drin. Roberts Männermöse macht sofort auf und empfängt mich. Von Ingo sehe ich fast nichts, der ist durch Georgs breiten Rücken verdeckt. Roberts Hinterkopf zwischen Georgs Arschbacken habe ich vor mir und diesen verstriemten Lehrerhintern, in dem ich mein Rohr versenke. Und rechts von mir die behaarte Rückfront von Artur, der sich in Conny austobt.

Nun rückt mir auch noch Thimo von hinten auf die Pelle, seine Finger machen sich an meinem Loch zu schaffen, ehe er mir seine Kanone hineinzwängt. Das ist jetzt schon kein Sandwich mehr, das ist ein Big Mac, mindestens: Ingo ist die untere Brötchenhälfte, Thimo die obere, dazwischen Georg, Robert und ich als deftiger Belag. Oder so ähnlich.

Richtig koordiniert sind unsere Bewegungen nicht mehr, das kriegen Artur und Conny neben uns besser hin. Wobei sich Letzterer an das Kaliber in ihm gewöhnt zu haben scheint, denn er feuert Artur an: »Fick mich! Fick mich! Fick mich …«, was Georg auch auf sich bezieht, denn er hämmert Ingo nun noch fester ins Stroh, und er ist auch der Erste, dem es kommt, und brüllend spritzt er ab, befüllt Ingos Loch, läst sich auf ihn fallen.

Georgs Geschrei bringt Conny zum Orgasmus, und wimmernd ergießt er sich ins Stroh. Artur hat Mitleid, zieht seinen fetten Bolzen raus, wichst sich selbst fertig und bekleckert Connys geschundenen Arsch.

Dieses Bild treibt es auch mir heraus, ich presse mich an Robert, ein letzter Stoß, dann steigt mir der Saft, drängt heraus, spritzt in die geile Kiste vor mir. Robert merkt, was er abkriegt, wühlt sich mit seinem Gesicht noch einmal in Georgs Hinterteil, langt sich an die Latte, lädt ab. Endlich ist auch Thimo fertig, sein Kolben in mir pulsiert, ich kriege meine Portion Sperma ab.

»Geht mal von mir runter! Ich will auch noch!« Ingo hätte ich jetzt glatt vergessen. Wir vom Team Big Mac hocken uns nun alle hin, doch das passt Ingo auch wieder nicht. »Du hättest ruhig drinbleiben können!«, mosert er an Georg rum, doch der schüttelt nur erschöpft den Kopf.

Da legt sich Artur zu Ingo. »Komm her! Es geht schon noch!« Und dann zwängt er seinen noch recht festen Ständer in Ingo hinein, der jault auf, wichst dann aber wie besessen, bis es schließlich auch ihm kommt.

Nun hocken und liegen wir da am Boden, im Stroh, auf der Bank, die Hengste mit eingesauten Schwänzen, die Stuten mit aufgetriebenen Löchern, ich mit beidem, und nur Robert scheint etwas verlegen zu sein.

Ein Blitzschlag und gleich darauf lauter Donner schrecken uns auf, heftiger Gewitterregen setzt ein. Bei diesem Wetter würde man selbst auf der kurzen Strecke bis zum Haus völlig durchnässt werden, und so warten wir.

Ingo steckt den Kopf zur Tür raus. »Es ist noch warm«,

stellt er fest. »Der Regen auch. Aber dieses Plätschern … Ich muss pissen!«

Er setzt sich mit dem Rücken zur Wand in die Abflussrinne, die dieser Raum wegen seiner ursprünglichen Funktion hat, und reißt den Mund auf. »Ihr könnt mich alle vollschiffen!« Dabei fängt er schon an zu strullen, er hält seinen Schwanz nach oben, die Pisse sprudelt über seine Brust, seinen Bauch, sammelt sich zwischen seinen Beinen, er hockt schon in seiner eigenen Jauche.

»Ja, geben wir's ihm! Kommt alle her!« Artur stellt sich breitbeinig direkt vor Ingo auf.

»Conny, du nicht!«, befiehlt Georg. »Du hockst dich auch hin! Und machst schön das Maul auf, los!« Er selbst baut sich neben Artur auf, und Conny setzt sich, mit einem gemurmelten »Ja, Georg« zu Ingo, der mit einem Schlenker seines Schwanzes Conny schon mal was abgibt.

»Robert!«, sagt Thimo nur, und der Angesprochene weiß sofort, worum es geht.

»Ja, natürlich.«

Mich sieht Thimo nur an, und ich verstehe seinen Blick: Er überlässt mir die Entscheidung. Ich schwanke kurz, es würde mich schon reizen, aber … nein, die anderen sollen nicht wissen, dass ich mich vollpissen lasse. Es genügt, dass sie dabei waren, als Thimo mich gefickt hat. Ich bleibe stehen.

Robert ist schon unten, und nun hocken da drei Säue am Boden, im Halbkreis stehen Artur, Georg, Thimo und ich davor, jeder hat eine Hand um die Schulter des Nachbarn, die andere am eigenen Schwanz. Ingo hat sich schon fast ausgeschifft, Robert fängt gerade an, und auch Georg lässt es nun laufen. Er lässt seinen Strahl als Erstes über die Köpfe und in die Mäuler der drei da unten wandern, dann konzentriert er sich auf seinen Conny.

Mittlerweile haben wir alle die Schleusen geöffnet, die Herrenpisse von vier Mackern prasselt auf die Ferkel nieder, und die kriegen gar nicht genug, so wie sie alle gierig das Maul aufreißen.

Als nichts mehr kommt, verlegen wir uns aufs Wichsen. Diesmal ist Ingo der Erste, dem es kommt, doch auch er muss sitzen bleiben, bis wir alle fertig sind, unseren Samen über die Schweine verspritzt haben.

Die drei waschen sich dann draußen im Regen, der ist wärmer als das Leitungswasser. Danach hasten wir alle, nackt und mit einem Bündel Kleider unter dem Arm, in die Scheune, trocknen uns dort ab und ziehen uns an.

Conny nimmt mich zur Seite, ehe er und Georg sich verabschieden. »Du hast dich nicht getraut, dich zu uns zu setzen, oder? Ich hab gesehen, du wolltest eigentlich.«

»Was? Nein, wie kommst du auf die Idee …?«

»Carsten, mir machst du nichts vor! Du wolltest! Aber keine Sorge, ich sage nichts, und Georg merkt so was nicht.«

Als auch Robert weg ist, spricht mich Artur an, ganz offen. »Und Conny hat recht, oder?«

»Was …?«

»Ich hab gehört, was er gesagt hat. Und ich hab's dir auch angesehen.«

»Was hast du ihm angesehen?«, erkundigt sich Thimo.

»Dass er nur zu feige war, sich zu den anderen zu setzen,

obwohl er wollte. Und hat er eigentlich schon zugegeben, dass ihm neulich in der Hose einer abgegangen ist, weil er auch gerne auf dem Autobahnklo durchgefickt worden wäre?«

»Zugegeben hat er's nicht. Aber du hast recht.«

Als wir endlich allein sind, frage ich angesäuert, wieso Thimo mich so bloßgestellt hat.

»Hab ich doch gar nicht. Ich hab nix gesagt. Conny und Artur haben es von allein gemerkt. Und dass sie recht haben, weißt du selber. Es ging dir darum, dass die anderen dich nicht in der Pissrinne hocken sehen. Das war alles. Ich kenn dich doch. Gute Nacht.«

18. Nachschlag

Robert kommt wie verabredet zum Frühstück und bringt frische Semmeln mit, das ist gut, haben wir selten. Als Thimo das Gespräch auf gestern bringt, wird er verlegen.

»Ich weiß nicht. Es war schon … na ja, geil eben, aber …«

»Du kannst beruhigt sein. Außer den Beteiligten weiß es doch keiner.«

»Schon. Aber es waren so viele Beteiligte.«

»Das hat ja auch den Reiz der Veranstaltung ausgemacht, oder?«

»Sicher. Und vielleicht war es wirklich die letzte Gelegenheit. Wenn Kevin erst hier wohnt… Hat er euch eigentlich schon einen Tischtennisschläger in die Hand gedrückt?«

»Das nicht, aber er wollte was anderes … also, die Initiative ging von ihm aus. Er weiß ja auch von dem Bock im Keller, und er hat dich und deine Kehrseite am Freitag gesehen. Ich glaube nicht, dass er uns darauf anspricht, aber er muss ja nur eins und eins zusammenzählen, dann weiß er, was an dem Abend passiert ist.«

»Ja. Da hätte er mich besser nicht gesehen.«

Wir müssen unseren Betrieb aufsperren, Thimo bereitet vor, was er nachher zu den Senioren mitnehmen will, ich kümmere mich um Kunden, Robert fährt zu Kevin ins Krankenhaus.

Nach dem Mittagessen besuche ich Kevin. Er klagt über Langeweile und lässt sich nochmals versichern, dass er wirklich zu uns kommen darf. So ganz scheint er es noch nicht zu glauben.

Als ich zurückkomme, liegt der lange Gartenschlauch aus dem Schweinstall in der Sonne.

»Thimo, was soll das?«

»Du magst es doch auch nicht so kalt, oder? Ich hab mit Artur telefoniert. Sie kommen heute Abend wieder.« Er leckt sich lüstern die Lippen.

»Was? Da hättest du mich ruhig fragen können!«

»Wieso? Ich tu dir doch einen Gefallen!« Er zieht mich zu sich, packt mir an den Hosenlatz. »Stell dir mal vor, was Artur und ich mit dir machen werden!«

Er verstärkt den Druck seiner Hand, schiebt mir seine Zunge in den Mund, und meine Rübe wächst …

»Wusst ich's doch!«, sagt Thimo, und angesichts meines Ständers Desinteresse zu heucheln wäre unglaubwürdig.

Zum Abendessen trinken wir schon mehr als üblich, um nachher genügend Löschwasser zur Verfügung zu haben.

Unser Besuch kommt heute auf dem Motorrad, in schwarzen Lederkombis, saugeil, die beiden.

»Wo kriegst du so was in deiner Größe?«, will ich von Artur wissen, als wir uns auf ein Bier zusammensetzen.

»Gar nicht. Ist eine Maßanfertigung und war nicht billig. Aber dieses Kunstfaserzeug, das es auch gibt, will ich nicht auf der Haut haben. Hab schließlich nichts drunter.«

»Und in diesem Ding hast du ihn auf dem Autobahnklo genagelt?«

»Klar. Willst du auch?«

Ich nehme einen Schluck, um nicht sofort antworten zu müssen. Dieses Monstrum … reizen würde es mich schon. Mir aber wahrscheinlich den Arsch zerreißen. Ich schüttle den Kopf, aufmerksam beobachtet von Thimo.

»Probier's!«, sagt Ingo. »Wenn er drin ist, ist es der Wahnsinn!«

Wahnsinn, ja. Das glaube ich.

»Gehen wir rüber!«, sagt Thimo nach einer Weile. »Dann sehen wir weiter.«

Ich hole vorher Handtücher sowie Gel und Waschzeug. Wer weiß, was passiert.

Als ich in den Stall komme, ist Ingo schon ganz nackt, Artur hat seine Kronjuwelen ausgepackt, und die hängen nun wie drei Glocken mit einem leicht angegeilten Schwengel aus einem schwarzem Lederschlitz. Neben ihm auf strohbedecktem Boden Thimo, der trägt nur derbe Schuhe und eine kurze Arbeitshose mit zwei Reißverschlüssen am Hosenlatz – die geöffnet sind, und auch sein Gemächt baumelt im Freien.

»Zieh dich aus! Alles!«, sagt er knapp zu mir. »Und du lutschst!«, ergänzt er in Ingos Richtung, zieht ihn dabei zu sich.

Der geht sofort in die Knie, speichelt Thimos Rübe ein

und klammert sich an dessen stramme Hinterbacken. Artur steht breitbeinig daneben, Arme in die Seiten gestemmt, sieht zu, wie ich mich entblättere.

»Komm her!«, raunt er. »Blas ihn hoch!« Er hat garantiert vorher mit Thimo beredet, was sie mit Ingo und mir machen wollen.

Noch ist Arturs Dödel eher schlapp, trotzdem kriege ich schon jetzt die Hand nur gerade so rum, wichse ihn ein wenig, und das Ding wächst zwischen meinen Fingern. Seine Eichel kann ich nur mit Mühe schlucken, dazu ein kleines Stück des Schaftes, dann ist mein Rachen voll, einfach voll, ich habe das Gefühl, das Teil müsste hinten in meinem Nacken wieder herauskommen. Zum Glück stößt Artur nicht zu, er lässt mich saugen, und ich konzentriere mich auf seinen Schwanzkopf, der allein reicht völlig. Ich schiebe mit den Lippen seine Vorhaut zurück, meine Zungenspitze konzentriert sich auf den Pissschlitz, meine Hände umklammern belederte Arschbacken.

»Lass uns tauschen«, sagt Thimo, und er und Artur wechseln die Position. Nun kann ich Thimos speichelnassen Schwanz saugen, den ich so gut kenne. Den kann ich mir ganz reinziehen, und ich wühle mich mit Thimos Latte im Mund in ihn, das Gesicht an seinen Bauch gepresst, die Finger unter dem Stoff an seinem nackten Arsch. Im Augenwinkel sehe ich, wie Arturs Kaliber in Ingos Maul verschwindet, nicht ganz, aber fast, keine Ahnung, wie das überhaupt möglich ist. Vor lauter Schauen und Staunen verschlucke ich mich an Thimos Lustkolben und muss husten. Das nimmt er als Zeichen für den Beginn des nächsten Aktes.

»Knie dich hin!«, sagt Thimo.

»Du auch!«, höre ich Artur, und Ingo und ich drehen uns, gehen auf alle viere, es ist klar, was jetzt kommt, und ich kann nur hoffen, dass sich Thimo an meinem hinteren Ende zu schaffen machen wird.

So ist es, ich kenne die Finger, die sich da, ordentlich geschmiert, in meinen Hintereingang drängen. Thimo hat gleich mit zweien angefangen, nimmt einen dritten dazu, bereitet mich auf den Anstich vor. Er kniet sich hinter mich, lässt seinen Steifen in meiner Ritze auf und ab wandern, ehe er einfädelt und mit einem lauten »Jaaah!« eindringt.

Langsam, bedächtig fast, bohrt er mich auf, bis zum Anschlag rein, wieder fast ganz raus. Als ich nach meinem Harten greifen will, schlägt er meine Hand weg. »Lass! Wir sind noch nicht fertig!«

Direkt neben mir stöhnt Ingo auf, kurz verzieht er das Gesicht, dann spricht die reine Geilheit aus seinen Zügen, Artur muss ihn gerade angebohrt haben. Dessen tiefes Brummen mischt sich nun noch in unser Gestöhne, und wenn ich mich nicht zurückhalten müsste, würde mir allein wegen der Geräuschkulisse schon einer abgehen.

Thimo und Artur ficken uns in einem Takt, ich merke, wie es Ingo und mich immer zugleich nach vorne wirft, wenn die Hengste zustoßen. Ein Blick in Ingos lustvoll verzerrte Fresse, er leckt sich die Lippen, »Probier's!«, raunt er mir zu. »Es ist der Wahnsinn!«

Thimo muss ihn gehört haben.

»Willst du? Von mir aus darfst du!« Zumindest überlässt er mir die Entscheidung …

Er zieht seinen Schwanz ganz aus mir raus, drängt wieder hinein, ein paarmal raus, rein, es geht ganz leicht, meine Fotze ist offen, also wenn Ingo das verkraftet… »Ja!«

»Schwein! Geiles Schwein!« Thimo haut mir einige Male kräftig auf den Arsch, ehe er sich daraus verabschiedet.

Er tauscht den Platz mit Artur und nimmt sich sofort Ingo vor. Den schüttelt es richtig durch, Thimo muss ordentlich Dampf machen.

Fremde Pranken auf meinem Hintern, es werden seine beiden Zeigefinger sein, die mir Artur reinsteckt.

»Geil!«, keucht er, nimmt noch zwei Finger dazu, dehnt mein Loch, so weit, wie es geht. »Geile Kiste! Geil… oh ja…« Sein Gemurmel wird unverständlich, seine Finger verschwinden, dafür drängt sich nun etwas viel Größeres in mich.

Artur lässt mir Zeit, sein Zapfen ist steinhart, und noch ist erst die Spitze seiner Latte drin, doch das ist sicher schon so viel wie vorhin die vier Finger. Er schiebt nach, »Ja!«, stößt er hervor, »Die Fotze geht auf!«. Ich beiße die Zähne zusammen, Artur drängt, ich schreie auf, doch das geht unter in Arturs »Drin! Drin! Ich bin drin!«.

Er hält inne, ich japse nach Luft, Thimo zwingt Ingo auf den Bauch, vögelt ihn jetzt im Liegen, und Thimos Gesicht ist nun direkt neben meinem. Mit einer Hand biegt er meinen Kopf zu sich, seine Zunge bohrt sich in mich, rotiert in meinem Mund. Er geilt sich daran auf, dass mich ein anderer besteigt, und Ingo kriegt nun seine Geilheit ab, heftig hämmert er ihn durch.

Wenn mich Artur so rannehmen würde, das hielte ich nicht aus, doch er passt auf, langsam schiebt er seine vierundzwanzig Zentimeter in mich rein, richtig geil ist es nicht, dafür ist das Rohr zu mächtig, aber es geht, und als sich Leder an meinen Arsch presst, bin ich fast stolz. Ich verkrafte diesen Megaprügel!

»Ja! Geht doch!«, stößt Artur hervor, während er mich zu ficken beginnt. Sachte, so viel Gefühl würde man diesem Riesen gar nicht zutrauen. Allmählich gewöhnt sich mein Arschkanal an das Ding in mir, Lust mischt sich in mein Stöhnen, Thimo fällt das natürlich auf.

»Es gefällt ihm! Diese Sau! Du kannst ihn richtig ficken!«, feuert er Artur an, schreit gleich danach auf, Ingo hat jetzt eine deftige Entladung abgekriegt.

Artur legt einen Zahn zu, nicht richtig wild, doch er packt mich an den Hüften und bockt mich, babbelt vor sich hin: »Geile Fotze! … heißes Loch! … schön zugeritten!«

Ein heftiger Stoß presst mich ins Stroh, mein Ficker schreit auf, seine Kanone schießt ab, vier-, fünfmal salbt er mir den Arsch, ehe er hechelnd auf mich plumpst.

Ich versuche, an mein Rohr zu kommen, doch wieder hält Thimo mich auf. »Wir sind noch nicht mit euch fertig!« Zustimmendes Brummen von Artur, der langsam meinen Hintern freigibt und mir seinen Schwengel entzieht. Schmatzend flutscht auch die Eichel raus, und sicher steht mein Loch nun weit offen.

»Hockt euch in die Pissrinne!«, kommandiert Thimo. »Und fangt schon mal an!«

Ruck, zuck sitzt Ingo so da wie gestern und saut sich ein. Und kaum bin ich neben ihm, kriege ich einen Schwall seiner Pisse ab. Ich lasse es laufen, es wird warm an meinem Bauch und an meinem Hintern. Artur rückt mir ganz dicht auf die Pelle, sein Schwanz glänzt von der Schmiere und baumelt, noch halb erregt, direkt vor meinen Augen.

»Maul auf!«, verlangt er. »Und pass auf, dass du nicht meine Kombi versaust!« Er strullt mir direkt in den Schlund, so kann ich sehen, wie viel da aus seinem Teil kommt, viel zu viel, um alles schlucken zu können, und so läuft mir die Bierpisse aus den Mundwinkeln.

»Augen zu!« Artur schifft mir über den Kopf, doch der Druck lässt allmählich nach, und er steckt mir seinen Schwanz ins Maul.

»Ihr dürft jetzt wichsen«, sagt Thimo. Ich sehe nichts, doch vermutlich hat er Ingo so eingesaut wie Artur mich. Egal, ich lecke an dessen pissnassem Prügel, aus dem es noch tröpfelt, und lange mir zwischen die Beine. Es geht schnell, mein offenes Loch hockt in der Jauche, eine verschmierte, nach Sperma, Pisse und Arsch schmeckende Eichel in meinem Maul, wie ein Wilder rubble ich mir einen ab, das Zeug schießt aus mir heraus, irgendwohin, und völlig fertig lehne ich mich zurück, an die Stallwand, während ich höre, wie Ingo absahnt.

»Wahnsinn, oder?«, meint Ingo, als wir uns mit dem Gartenschlauch duschen und dann die Bude wieder halbwegs auf Vordermann bringen.

»Wahnsinn, ja. Aber immer würde ich das nicht aushalten.«

»Gewohnheit. Du und Thimo, ihr seid schon auch gut, wenn ihr mich durchzieht. Aber Artur ist einfach … der Wahnsinn.«

Darauf können wir uns einigen.

»Thimo, es war geil. Aber deiner ist mir lieber! Viel lieber!«

»Willst du noch mal?« Er kriecht unter meine Bettdecke, befummelt meine Männlichkeit.

»Heute nicht. Mein Loch brennt immer noch!«

»Na schön, dann schlafen wir.« Er drückt mir noch einen Kuss auf den Mund und löscht das Licht.

19. Setzen, Sex!

Robert wird Kevin heute aus dem Krankhaus abholen und zu uns bringen. Dann sind wir hier zu dritt.

»Und?«, frage ich Thimo. »Werden wir solide?«

»Das sind wir doch! Wir arbeiten, zahlen Steuern, kümmern uns um einen benachteiligten Jugendlichen … und das andere machen wir ja schließlich nicht jeden Tag. Obwohl es schon ziemlich geil war. Aber das geht nicht, wenn Kevin hier ist.«

»Mit anderen Worten«, ergänze ich, »die Eltern haben Sex, wenn die Kinder auf Klassenfahrt sind.«

»Du wirst schon nicht zu kurz kommen!« Thimo packt mir an den Hosenlatz, beugt sich über die Brüstung des offenen Küchenfensters und guckt raus. »Keiner da. Leck mir den Arsch! Mir ist danach!« Aufreizend lässt er seine Hinterbacken spielen.

»Thimo, doch nicht je…«

»Carsten! Lecken!« Dabei fummelt er an seiner Hose rum, lässt sie fallen, breitbeinig steht er da, der schwere Sack baumelt zwischen seinen Schenkeln.

Was bleibt mir anderes übrig? Ich mache mich selbst untenrum frei, lasse meine Zunge durch seine Ritze zu seinem Hintereingang wandern, vergrabe mich darin, wichse zugleich mit rechts mich selbst, mit links ihn. Wohlig grunzend genießt Thimo meine Bemühungen, bis er sich plötzlich umdreht.

»Sie kommen! Mach schnell!« Dabei übernimmt er seinen eigenen Ständer und schiebt ihn mir ins Maul, und als auch ich ein Motorengeräusch höre, füllt sich mein Mund mit Thimos Männersahne. Er lässt mich saugen, bis ich mir hektisch einen abgerubbelt habe, dann ordnen wir in Eile noch unsere Klamotten und gehen raus in den Hof.

Kevin ist schon ausgestiegen. Er hat keinen Verband mehr um den Kopf, sondern nur noch ein großes Pflaster auf der Stirn. Blass ist er, aber er hat wieder sein Kevin-Strahlen.

Thimo nimmt ihn in den Arm. »Wie geht's dir, Kevin?«

»Ganz gut. Darf ich jetzt wirklich bei euch bleiben?«

»Darfst du. Komm, gehen wir in deine Wohnung.«

»*Meine* Wohnung …«, murmelt er, als ihn Thimo vor sich herschiebt, und dann kennt seine Freude keine Grenzen. »Das sind ja alles meine Sachen! Wie habt ihr das gemacht?« Er lässt sich in einen Sitzsack plumpsen. »Danke! Vielen Dank!«

»Kevin, das haben nicht nur wir gemacht. Georg und Conny haben geholfen, Artur und Ingo auch und, ganz wichtig, Robert hier. Weil er Frau Kaiser kannte, konnte alles so schnell gehen.«

Kevin schluckt. »Die haben alle für mich …?« Er kriegt feuchte Augen. »Herr Wolf, danke, ich …«

Er weiß nicht weiter, aber Robert legt ihm eine Hand auf die Schulter. »Ist schon gut, Kevin. Wir hoffen, du fühlst dich hier wohl.«

Thimo und ich müssen die beiden allein lassen, ein Termin fürs Beschneiden einer Hecke steht an, und Kunden sind gekommen. »Wir essen später alle zusammen, ja?«

In den ersten Tagen ist noch viel zu erledigen. Den amtlichen Part übernimmt Robert, wegen der Sommerferien hat er Zeit. Zusammen mit Frau Kaiser kümmert er sich um ein Konto für Kevin, damit der sein Kindergeld selbst bekommen kann. Ummeldung bei der Stadt. Die Sache mit dem Betreuer.

Robert hat bei ihr eine Einmalzahlung für die Ersteinrichtung rausgeholt, damit gehen wir an einem Mittwochnachmittag zu IKEA. Kevin möchte einen Teppich, ein Rollo fürs Fenster, einen Bettüberwurf, Garderobenhaken, und obwohl er keine extravaganten Wünsche hat, ist das Geld damit aufgebraucht. Also übernehmen Robert und wir, was er noch braucht. Bettwäsche, Handtücher, Küchenutensilien.

Frau Kaiser kommt unangekündigt vorbei, will allein mit Kevin reden und seine Wohnung nochmals sehen.

Im Haushalt lassen wir Kevin mitarbeiten, in der Gärtnerei nicht. Noch hat er Ferien.

Manchmal radelt er zu einem seiner Kumpel, oder die besuchen ihn, aber meist hängt er an uns, denn mit sich selbst beschäftigen kann er sich nicht. Er fragt, ob er was helfen könne, ist immer freundlich und nett, aber wir müssen uns erst daran gewöhnen, nicht allein zu sein.

Conny will wissen, ob wir solide geworden seien. Oh ja, das sind wir! Sex findet nur noch im Schlafzimmer statt, bei geschlossenem Fenster. Pornogucken im Wohnzimmer entfällt, da man von draußen reinsehen könnte. Tagsüber Quickies in der Küche gibt es nur, wenn Kevin nicht da ist.

Wir gewöhnen ihn daran, zumindest allein bei sich zu frühstücken und dafür auch einzukaufen. Er soll selbstständiger werden.

Zweimal die Woche kommt Robert und gibt Kevin Nachhilfe in Deutsch und Mathe. Er fragt, ob wir ihn mal besuchen wollen. »Wir müssen auf Zimmerlautstärke achten, also Tischtennisschläger geht bei mir nicht. Aber ich habe noch was anderes.«

So erzählen wir Kevin, wir wären zum Abendessen eingeladen und er müsse sich heute mal selbst versorgen.

»Kevin hat in unserer letzten Deutschstunde versucht, das Gespräch darauf zu lenken, wieso ich an dem bewussten Abend bei euch war. Ich bin nicht darauf eingegangen«, berichtet Robert. »Aber er weiß, was passiert ist, das steht fest.«

»Natürlich weiß er es«, bestätigt Thimo. »Aber was heute hier passiert, wird er nicht erfahren. Was hast du denn vor?«

»Wartet bitte einen Moment, bis ich rufe. Dauert nicht lang.« Robert verschwindet in sein Schlafzimmer, bald hören wir ihn. »Kommt ihr?«

Gedimmtes Licht, Robert kniet völlig nackt auf der Matratze eines mit einem schwarz glänzenden Laken überzogenen Bettes, reckt uns demütig seinen weißen, weit geöffneten Arsch entgegen, den Oberkörper hat er nach unten gedrückt, nur sein Hinterteil ragt in die Höhe. Sein Loch glänzt von irgendwelcher Schmiere, mit der er es gefettet haben muss, darunter baumeln sein Sack und sein Steifer. Ein geiler Anblick, das gibt mir auch mein Schwanz zu verstehen.

Thimo und ich pellen uns fix aus allen Klamotten, und erst da sehe ich zu Roberts Füßen eine dünne schwarze Gerte. Also wenn er es damit will – das wird ziehen.

Ich überlasse dieses Ding Thimo. Mir ist nach einem Blowjob, und Robert öffnet willig sein Maul und speichelt meinen Kolben ein, als ich ihm den entgegenstrecke. Ich packe ihn bei den Ohren und verpasse ihm einen derben Maulfick. Der verträgt das. Der braucht das.

Thimo hat sich derweil auf das Bett gestellt, mit seinen Schenkeln hat er Roberts Taille eingeklemmt, mir reckt er sein Hinterteil entgegen. Wenn ich mich vorbeuge, komme ich sogar ran, während Robert weiter meinen Bolzen drin hat. Den Weg zu Thimos Loch findet meine Zunge nicht, aber zumindest seine Ritze kann ich abschlabbern.

Thimo hat begonnen, Roberts Hinterteil zu bearbeiten. Ich sehe nichts, doch ich höre, wenn die Gerte auf sicherlich lustvoll zuckende Arschbacken trifft. Bei Weitem nicht so laut wie der Tischtennisschläger, aber sicherlich ungemein wirkungsvoll.

Robert würde seine lustvollen Aaahs und Ooohs ganz bestimmt gern laut herausbrüllen, doch das traut er sich nicht. Und meinen Kolben im Maul zu behalten gelingt ihm nur noch für ein paar Sekunden, das wird nichts Rechtes mehr. Ich werde mir mal sein anderes Ende ansehen.

Striemen überziehen den Lehrerarsch. Thimo hat sicher nicht brutal zugeschlagen, aber Robert verträgt mehr als Kevin, und so wie er den Rücken durchdrückt und sich den Hieben entgegenstreckt … der ist geil. Einfach nur geil.

Ich auch. Und ich will jetzt in sein anderes Loch. Also knie ich mich hinter ihn, rücke ihm auf die Pelle, ganz von selbst findet mein Harter seinen Hintereingang, die Möse macht sofort willig auf, schon bin ich ganz in ihm drin, spüre die Hitze des verprügelten Arsches an meinen Lenden, halte mich fest an Thimos Schenkeln.

Eine Hand packt meinen Kopf, Thimo zwängt mir seinen Steifen rein, gleich bis hinter in den Rachen, und dann stopft er mir das Maul, während ich unten selbst ackere. Er tritt einen halben Schritt zurück, dadurch bin ich gezwungen, mich etwas nach vorne zu beugen, um weiter seinen Freudenspender lutschen zu können. Und da ist plötzlich etwas an meiner Wirbelsäule, arbeitet sich vor nach unten, und ich weiß, das kann nur die Spitze der Gerte sein … Was hat Thimo bloß vor?

Ich kann nichts sagen, zu fest krallt sich Thimos Hand in mein Haar, zu tief steckt sein Kolben in meinem Schlund. Jetzt ist die Gerte in meiner Kimme, geht mit im gleichen Takt, in dem ich den brünstig in ein Kissen stöhnenden Robert vögle.

Schläge treffen meine Arschbacken. Thimo weiß doch,

dass ich das nicht will, hat er zumindest gesagt, trotzdem haut er abwechselnd rechts und links zu. Ich kann nicht protestieren, zu fest presst er mein schwanzgefülltes Maul in seinen Schritt, sein Schamhaar kratzt in meiner Nase, ich kriege kaum Luft.

»Schwein! Schwein! Schwein!«, stößt er hervor, und dann lädt er ab, füllt meinen Rachen mit seiner Wichse. Während aus seinem Samenspender das Sperma quillt und meinen Rachen verklebt, fordert er: »Spritz ab! Los, spritz ab!« und schlägt fester zu, und nun verliere ich völlig die Kontrolle über mich, stochere nur noch irgendwie in Roberts Loch, da ist kein Takt mehr, nur noch der Orgasmus, der mich überwältigt, und wenn mein Maul nicht gestopft wäre, würde mein Brüllen garantiert die Nachbarn aufschrecken.

Robert hat sein Gesicht in ein Kissen vergraben, er melkt sich selbst, krampft sich um meinen Schwanz, als er kommt, und ich merke am Pulsieren seines Lochs, wie heftig er abgeht und wie oft er spritzt.

Mit einigen Verrenkungen gelingt mir im Flurspiegel ein Blick auf mein Hinterteil. Thimo hat zugelangt, vor allem die letzten Schläge hatten es in sich – und haben mir einen Megaabgang verschafft.

Auf dem Rückweg im Auto meint Thimo, er hätte sich ausnahmsweise mal getäuscht: »Ich dachte, du willst das nicht. Aber als du Roberts Arsch angestarrt hast, wusste ich Bescheid. Du bist doch abgegangen wie eine Rakete, *weil* ich dir ein paar übergebraten habe!«

»Nein, Thimo, ich …«

»Carsten, bitte, ich kenn dich doch! Mir machst du nichts vor! Ich wollte dich ja schon immer mal auf den Bock spannen!«

20. Unser Kevin

Seine Eltern besucht Kevin, soweit wir wissen, nie, trotzdem scheint er manchmal noch Zweifel zu hegen, ob er wirklich bei uns bleiben darf.

»Kevin, denkst du, wir schleppen deinen Schrank und dein sonstiges Zeug hierher, wenn wir dich nach ein paar Wochen wieder an die Luft setzen wollten? Zumindest bis zum Ende deiner Lehre bleibst du hier! Mach dir bloß darüber keinen Kopf!«

»Ja, Chef. Danke!« Er strahlt. Unwiderstehlich.

Meist bleibt Kevin nach dem Abendessen bei uns sitzen, aber da wir in der Regel auch tagsüber zusammen waren, hat keiner große Neuigkeiten zu erzählen.

Wenn wir ins Bett gehen, fragt er oft, ob er noch was im Fernsehen anschauen dürfe. Wir lassen ihn, er kann ja ausschlafen. An einem dieser Abende muss ich nochmals pullern gehen, und was ich da aus dem Erdgeschoss nach oben dringen höre, ist garantiert nicht der Ton des Science-Fiction-Films, von dem er gesprochen hat. Sondern Porno.

Thimo grunzt unwillig, als ich ihn wecke und in den Flur zerre, lauscht dann aber auch. »Lass ihn doch! Bei Gelegenheit reden wir mit ihm.«

Die Gelegenheit ergibt sich am nächsten Samstag, als Kevin mittags schon vorschlägt, mal wieder in den Pool zu gehen. Wir schicken ihn voraus, und als wir uns später neben dem Becken ausziehen, meint Thimo nur: »Kevin, du musst nicht so tun, als ob du wegschaust.«

Kevin kriegt eine rote Birne, sagt aber nichts, und erst als wir uns ihm gegenübergesetzt haben, fragt er, ob er zu uns kommen dürfe. Wir machen ihm Platz, und dann druckst er rum. »Können wir, also ich meine … mal wieder zusammen einen von euren Filmen, ihr wisst schon, heute Abend vielleicht …«

»Kevin!«, hebt Thimo an. »Was guckst du denn immer, wenn wir ins Bett gegangen sind?«

»Ihr … ihr wisst es?« Kleinlaut, aber keine Ausflüchte. »Ich habe gesehen, in welchem Schrank eure DVDs sind. Und … Entschuldigung. Nicht böse sein, bitte. Ich mach's nicht mehr.«

»Wenn du lügen würdest, wäre ich sauer. Aber nicht weil dich Pornos interessieren.« Thimo packt ihn bei beiden Schultern und taucht ihn unter. Als Kevin prustend wieder hochkommt und uns lachen sieht, hat er verstanden und wird nun richtig mutig. Setzt sich wieder zwischen uns und greift sich unsere Schwänze. Ohne zu fragen, ob er darf. Ein wenig ungelenk zwar, aber immerhin. Um uns anzugeilen, reicht's.

Auf ein Handzeichen von Thimo hin setzen wir uns auf den Beckenrand, Kevin versteht unsere Absicht, bemüht sich, aber richtig gut blasen kann er noch nicht. Ihn selbst macht diese Aktion aber so an, dass es ihm kommt, als er gerade an Thimos Zapfen nuckelt.

Stöhnend stellt er seine Bemühungen bei uns ein, stottert eine Entschuldigung, die Thimo beiseitewischt. Wir machen uns einfach selbst noch fertig und spritzen ins Badewasser.

Beim Abendessen ist Kevin schon ganz aufgekratzt, und als später im Wohnzimmer Thimo und ich Zeitung lesen, kann er kaum ruhig sitzen bleiben. »Wollen wir nicht vielleicht einen Film …?«

»Kannst es kaum erwarten, was?«, brummt Thimo. »Meinetwegen. Such was aus!«

Kevin springt sofort auf, und während wir es uns auf dem Sofa bequem machen, durchwühlt er unsere Pornosammlung. Wenn er sich an den Abenden, an denen er »ferngesehen« hat, damit beschäftigt hat, weiß er jetzt zumindest theoretisch Bescheid. Wir sind thematisch nicht so festgelegt und haben fast alles: von schwanzlutschenden Pfadfindern bis zu harten Ledermännern.

Kevin legt eine Scheibe ein, schnappt sich die Fernbedienungen, setzt sich zwischen uns, startet den Film. Ein Blick zu Thimo, als ich erkenne, was da läuft. Er nickt, uns beiden ist klar, was Kevin sagen will.

Es ist ein schon älterer amerikanischer Streifen, die Frisuren der Darsteller sind, nun ja, einfach daneben. Es geht um einen Bewährungshelfer, der seine Schützlinge zu sich ins Büro bestellt oder sie auch mal zu Hause aufsucht. Und die jungen Kerle haben alle irgendwas ausgefressen, weshalb er sie übers Knie legt und ihnen mit der Hand den nackten Arsch versohlt, ehe er sie durchbumst. Wenn sich ein Bursche sträubt, lässt der Hauptdarsteller einen uniformierten schwarzen Security-Typen kommen, der dafür sorgt, dass die Züchtigung stattfinden kann. Und danach stopfen zwei Schwänze die Löcher des Delinquenten. Ein besonders renitentes Kerlchen zwingt der Security-Mann dazu, ihm die Männermöse zu lecken, während seine eigene Arschfotze durchgeorgelt wird.

Bei einem Hausbesuch überrascht der Bewährungsmensch einen blonden Jüngling dabei, wie der geklaute Pornos schaut. Da wird er richtig sauer, und der Burschenhintern wird nicht nur mit der Hand, sondern auch mit einem Gürtel und einem Pantoffel ausgiebig bearbeitet.

Kevin ist die ganze Zeit relativ ruhig zwischen uns gesessen und hat sich nicht getraut, uns anzusehen. Bei dieser Szene jetzt kann er sich nicht mehr zurückhalten, stoßweise geht sein Atem, er beißt sich auf die Lippen, seine Finger verkrampfen, er will nicht und kann doch nicht anders.

»Lass es raus!«, sagt Thimo einfach, legt ihm eine Hand auf den Schenkel, und da ist es so weit. Kevin spritzt in seiner Hose ab, stöhnend saut er sich ein, weiß dann nicht, wohin mit seinen Händen und wie überhaupt mit der Situation umgehen.

Thimo stoppt den Film und zieht Kevin zu sich. »Alles in Ordnung. Nicht entschuldigen!«

Kevin bleibt nur kurz an Thimo gelehnt liegen. »Ich geh mich waschen …«

»Jede Wette, er *kommt* bald wieder.« Thimo grinst. »Unser Kevin! Ich werde versuchen, aus ihm rauszukitzeln, was er will.«

Thimo hatte natürlich recht. Es vergeht keine Viertelstunde, dann steht Kevin schon in der Tür. »Darf ich reinkommen?«

Wir nehmen ihn wieder zwischen uns, blättern aber in der Zeitung, das macht ihn nervös. »Wollen wir nicht vielleicht mit dem Film weitermachen?«

»Kevin«, wendet sich Thimo ihm zu, »warum hast du gerade diesen Film ausgesucht?«

Er windet sich und will nicht recht mit der Sprache heraus. »Na ja, ich …«

»Ich was?«

»Ich … ich dachte, wenn ihr mich erwischt, wie ich das hier anschaue, dass ihr mich … so wie in dem Film …«

Thimo packt Kevin im Nacken, der ist völlig überrascht und reagiert gar nicht, da liegt er schon über Thimos Knien und bekommt den Hintern voll. Diesmal wird Kevin was spüren, obwohl er angezogen ist, Thimo langt zu. Kevin schnieft und schnaubt, doch er versucht nicht, sich zu wehren. Auch nicht, als Thimo ihm die Hosen runterzieht und sich nun den nackten Arsch vornimmt. Solange Thimo seine Pranken benutzt, bleibt Kevin relativ ruhig liegen, doch als Thimos Pantoffel zum Einsatz kommt, beginnt er zu zappeln und versucht, seinen Hintern mit den Händen zu schützen.

Thimo beendet die Strafaktion, doch er hält Kevin fest, streichelt seinen Po. »Es genügt, hm?«

»Ja, Meister …« Schniefen.

»Setz dich wieder her. Wir gehen dann bald ins Bett.«

»Ja, Meister.« Kevin rückt zwischen uns, sein zitternder Kolben steht unterhalb seines kurzen T-Shirts weit ab. Im

Sitzen versucht er vergeblich, das Ding darüberzuziehen, es ist einfach zu kurz.

»Du musst dich nicht verstecken.« Ich greife nach Kevins Rohr, und kaum habe ich es umfasst, beginnt es zu pumpen. Zähflüssig quillt das Sperma aus dem Pissschlitz dieses jungen Schwanzes heraus, läuft warm über meine Hand, von wo ich es ablecke, als nichts mehr kommt.

»Unser Kevin! Bin gespannt, ob er diesen Film noch mal aussucht.« Thimo verkriecht sich unter seine Bettdecke, nachdem wir uns im Schlafzimmer geliebt haben – ich auf seinem Mast reitend, sodass wir uns ansehen und küssen konnten. Nicht spektakulär, aber schön.

Ein paar Tage wartet Kevin, ehe er wieder einen Pornoabend vorschlägt. Diesmal sucht er den Film aus dem englischen Erziehungsheim aus, in dem die Zöglinge Gartenarbeit verrichten und, wann immer die wollen, den Aufsehern zu Willen sein müssen. Der Streifen hat einige wirklich geile Szenen, in denen Wärterschwänze sich in enge Burschenärsche zwängen …

Kevin hat sich an mich gelehnt, seine Beine liegen über Thimos Oberschenkeln, so verfolgen wir das Treiben der Darsteller. Als Thimo eine Hand zu Kevins Schritt wandern lässt, wehrt der ab. »Bitte nicht, Meister! Nur gucken!«

Thimo wirft mir einen erstaunten Blick zu, lässt aber natürlich von Kevin ab, obwohl dessen Latte in der Hose wirklich nicht zu übersehen ist.

Als der Film zu Ende ist, merken wir, wie Kevin wegen

irgendwas mit sich ringt. Er rückt aber nicht mit der Sprache heraus, und wir wollen ihn zu nichts drängen und verabschieden uns bald ins Bett. Obwohl ich durchaus Lust auf seinen kleinen knackigen Hintern hätte.

Ich putze meine Zähne, Thimo war schon im Bad, Kevin wollte unten noch aufräumen. Ich rechne damit, dass jetzt noch etwas abgehen wird, so wie Thimo vorhin beim Porno auf die Mattscheibe gestiert hat …

Als ich ins Schlafzimmer komme, hat er die Fenster schon geschlossen und erwartet mich nackt und wichsend auf unserer Liegewiese.

Wir haben gerade mit unserem Spiel begonnen und blasen gegenseitig unsere Riemen, da klopft es leise an der Tür. Und gleich darauf streckt Kevin seinen Kopf ins Zimmer. »Darf ich zu euch kommen?«

Natürlich darf er.

Unser Kevin.

GAY HARDCORE

Der 35-jährige Christoph liebt seinen Job: Mit seinem Truck fährt er das ganze Jahr über quer durch Europa. Die langen Fahrtzeiten im Cockpit seines Riesen-Brummers verkürzt er sich mit versauten Chats oder er macht schon mal das nächste Date klar. Egal ob mit dem devoten Trucker auf dem Rastplatz oder dem heißen Lagerarbeiter in der dunklen Fabrikhalle: Hier werden volle Ladungen ausgetauscht.

Nick Holzner
Gay Hardcore 18: Volle Ladung
208 Seiten, Softcover, 10,5 x 17 cm
ISBN 978-3-95985-407-8
€ 12,99

Laurent, Bernard und Sylvain, drei sadistische alte Männer, veranstalten in Nanterre bei Paris Herrenabende, bei denen gut aussehende Bengel ihren perversen Launen zur Verfügung stehen. Dem attraktiven Laurent fällt die Aufgabe zu, geeignete junge Männer zu finden und auf die hohen Ansprüche seiner verwöhnten Freunde vorzubereiten. Bei einem seiner Streifzüge durch Paris lernt er den hinreißenden Antoine kennen.

Maik Keller
Gay Hardcore 20: Herrenabend bei Monsieur Laurent
168 Seiten, Softcover, 10,5 x 17 cm
ISBN 978-3-95985-417-7
€ 12,99

GAY HARDCORE

Max Wildrath
Gay Hardcore 19:
Gärtner-Meister
192 Seiten, Softcover,
10,5 x 17 cm
ISBN 978-3-95985-408-5
€ 12,99

Die beiden Gärtnermeister Carsten und Thimo beginnen ein neues Jahr mit Sexurlaub auf Gran Canaria, wo sie neben geilen Eisverkäufern und allerlei Strandbekanntschaften auf einen sehr willigen jungen Spanier stoßen, der nicht nur ihr Haus putzt. Zurück in ihrem Betrieb suchen sie für die unangenehmen Arbeiten Handlanger, denen als Lohn Meisterkolben und ein Fickbock winken. Es melden sich genügend Kerle, die was hinten drauf und hinten rein brauchen – sie werden meisterhaft bedient. Und auch Ferienjobber Kevin scheint sich nach einer harten Hand zu sehnen …

Calvin Klein
Calvin Klein
LUCASENTERTAINMENT.COM